あなたの世界をガラリと変える

認知バイアスの教科書

脳科学者
西剛志
Nishi Takeyuki

SB Creative

Prologue

「認知バイアス」があなたの世界をガラリと変える

はじめまして、『認知バイアスの教科書』を手にとってくださりありがとうございます。脳科学者の西剛志です。わたしは「世界的にうまくいく人とそうでない人の違い」を主なテーマに、長年、脳と心のしくみの研究をしているのですが、仕事柄、こんなことをよく聞かれます。

「人生でうまくいく人とそうでない人の差は、一体どこから生まれるのですか？」

あなただったらどう答えますか？　じつは科学者としてそんなことを調べていくなか、1つたどり着いた結論があります。それが何かを説明する前に、まずは次ページの図を見てみてください。

図の中央にどんな図形が見えるでしょうか？（ほとんどの方が中央に白い逆三角形が見えると言います）。ところが、ページをめくってみてください。

Q

中央にどんな図形が
見えますか？

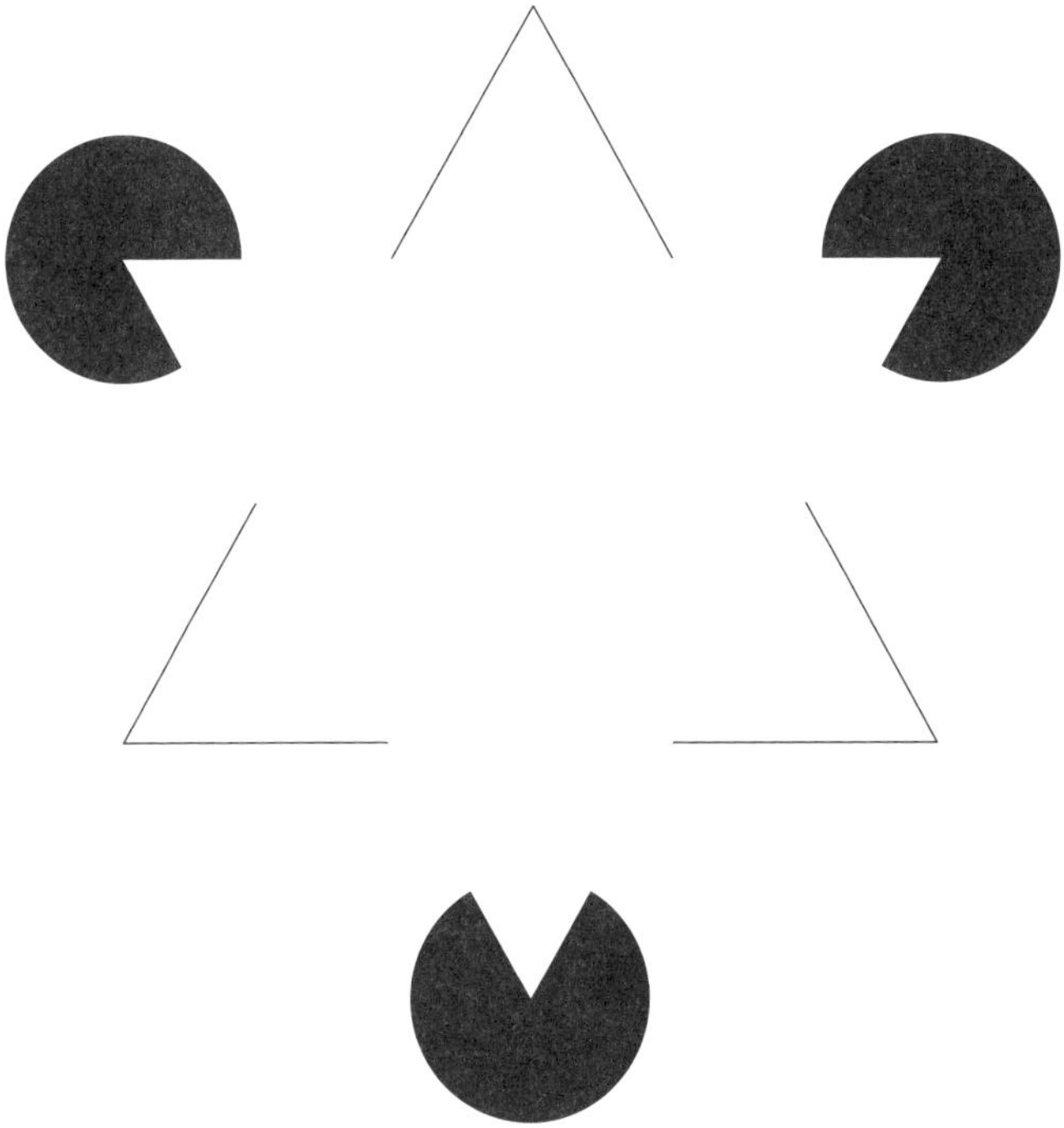

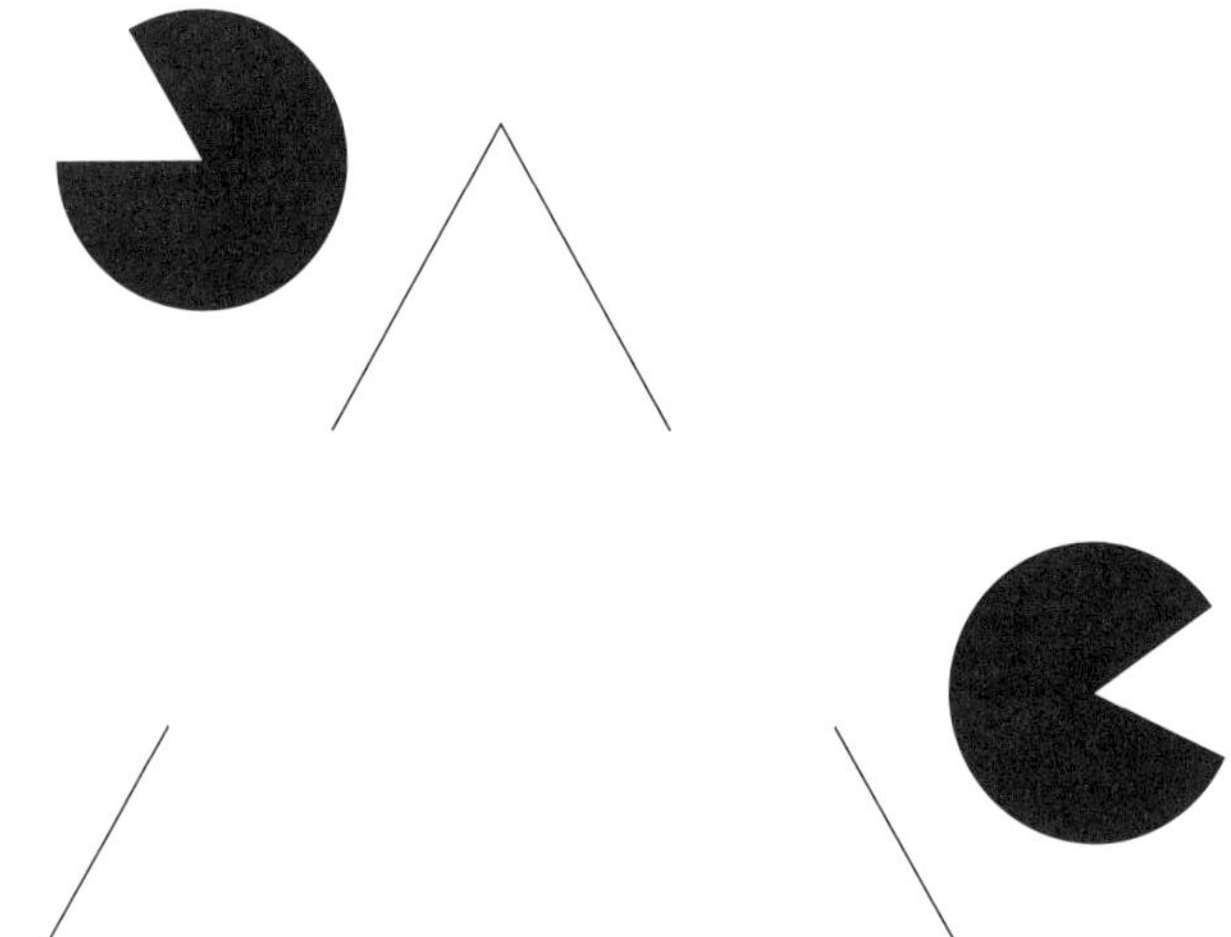

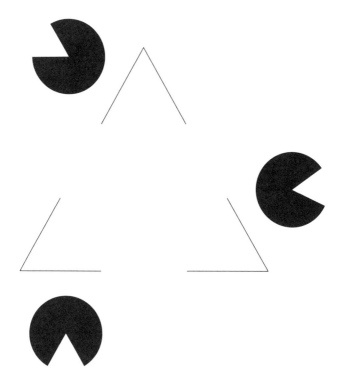

どうでしょうか。まわりにあった3つの黒い丸（角がある）がバラバラの方向を向いてしまうと、先ほどまで見えていた逆三角形は瞬《またた》く間に消えてしまいます。[*1]

「なぜ、見えないはずの逆三角形が見えてしまうのか？」その正体が、今回の本のテーマでもある「認知バイアス」です。

バイアスとはもともと英語で「偏《かたよ》り」「歪み」という意味で、ものごとをとらえるときの脳のクセ（傾向）です。専門用語で「認知バイアス」と言われます。

先ほどの図では、3つの黒い丸の欠けた部分が、ちょうど三角形を示す場所にあると、脳はそれが過去に見た三角形だと認識して、勝手に過去の映像を映し出します（遠くから見ると、実際には存在しない線まで見えて驚く人もいます）。

なぜなら、そのほうがものごとを認識するスピードが速くなるからです。判断力が速いことは生命が生き延びるために有利になります。**このように脳が無意識のうちにやってしまう思考のクセや傾向のことを「認知バイアス」と呼んでいます。**

わたしたちは真実を見ているのではなく、脳でこの世の中を見ている

じつは、認知バイアスは、わたしたちの気づかないところで、あらゆる分野に影響を与えていることが、最新の研究からわかってきています。

「うまくいく人とそうでない人の差は、一体どこから生まれるのか？」の本題に戻りますが、それがまさにこの認知バイアスによって生まれるのです。

もし、あなたの手元にスマホやタブレットなどがあるようでしたら、ぜひ次のＱＲコードを読みとり、実験の動画をチェックして、**白いTシャツを着たチームがバスケットボールを何回パスするか数えてみてください。**

CHECK!

https://www.youtube.com/watch?v=vJG698U2Mvo

これは認知バイアスを立証した有名な実験で、１９９９年にハーバード大学のダニエル・シモンズ博士とクリストファー・チャブリス博士が行なった『見えないゴリラの実験』です。[*2]

実際に映像を見るとわかりますが、正解は15回です。あまりにも有名な実験で知っている人も多いかもしれませんが、ここには大きなトリックが隠されています。

じつは、この映像にはほとんどの人が気づかない「ある動物」が映っているのです。

それは「大きな着ぐるみのゴリラ」です。しかも、この大きなゴリラには人が入っていて、ボールをパスしている人たちのなかを堂々と横切り、そして中央で胸をたたくというパフォーマンスまで披露します。

普通だと気づくはずですが、「パスの回数を数えて」と言われてしまうと、パスの様子ばかりに脳が注目してしまい、ゴリラの映像が見えなくなってしまうのです。

実際にゴリラは存在するのに、存在しない世界を見ている。つまり、**わたしたちは見たいものを見ていて、真実を見ているわけではない**のです。じつはこのことが、わたしたちの考え方や行動の偏り（認知のズレ）を生み出し、同じ環境にいても人によってまったく違う成果を生み出す原因につながっています。

そもそも認知バイアスって、なんのためにあるの？

わたしたちの人生にも影響する認知バイアス。そもそも認知バイアスは、なぜ存在するのでしょうか？

認知バイアスの役割 1

時間&エネルギーの効率化のため

わたしたちは、目の前のことを1つずつ考えていくと時間がかかってしまいます。しかし、**認知バイアスに従うと、一瞬ですばやく判断できます**。瞬時に判断できる能力は、敵から身を守ったり、食べものを見分けたり、子どもを病気から遠ざけたり、**過去の成功や失敗からよい方法を見つけることに大いに役立ちました**。認知バイアスがあったほうが生き残りやすかったのです。

たとえば、お皿が自分から遠くにあると、実際に見える映像は平たい物体です。しかし、わたしたちはそれがお皿だとすぐにわかります。なぜなら、その形を見た瞬間に過去のお皿の映像が再現されるからです。色は白、材質は硬そう、艶がある、模様がついているなど、1つひとつを分析していたら、時間がいくらあっても足りなくなるでしょう。

認知バイアスの役割 2

脳を大量の情報から守るため

わたしたちは日ごろ、膨大な情報に接しながら生きています。ちなみに**わたしたちが見ている空間内の情報量は毎秒1000万ビットと言われますが、脳が実際に処理できるのはわずか20〜40ビットほど**しかありません。[*3] つまり、すべての情報を脳が処理しようとすると脳がパンク状態になります。それを防ぐためにも、**脳は自分にとって必要な情報のみ**(たとえば、ゴリラの実験ではパスを数える情報のみ)**を選択することで、脳に大きな負荷をかけずに思考したり行動したりすることができるのです。**

バイアスの働きは、あなたのメリットにも、デメリットにもなる

この本では、脳科学や心理学、行動科学(行動経済学)などの研究をベースに一般の人に

もわかりやすく「認知バイアス」の世界を深く掘り下げていきます。でもここで、あなたはこんな疑問をもったかもしれません。認知バイアスたった1つをとり上げているにしては、分厚くてページ数も多すぎない？

たしかに、その通りです。

『認知バイアスの教科書』は7章構成、付録も含めて全344ページ、紹介しているバイアスは200種類以上もあります。というのも、じつは**認知バイアスの研究は最先端の分野で、毎年のように新しい認知バイアスが発見されている**からです。

そのなかから、誰もが影響を受けている「5大バイアス」を1時限目で解説し、その後の2～7時限目では、「人間関係」「感情」「仕事」「お金」「健康」「社会現象」という各テーマに深く関係する認知バイアスを紹介していきます。

また、巻末の付録には「5大バイアス」を中心に認知バイアスの関連性がざっくりとわかる相関図を用意しました。このように認知バイアスはそれぞれ関連し合いながら、わたしたちの日々の判断、行動、ものごとの理解、感情の変化にさまざまな影響を与えています。

誰もがすべての認知バイアスをもっているわけではありません。しかし、生まれもった性格、育ってきた環境、現在の仕事や暮らしなど、複雑な要因が絡み合い、人によってもっている認知バイアスが異なることがあります。

それぞれの認知バイアスの働きは表裏一体で、あなたにとってメリットにもデメリットにもなります。本章でも扱いますが、**認知バイアスは生理反応まで変化させて、ダイエット効果があったり、記憶力を高めたり、能力を変えたり、老化まで防げる**ことが最新のリサーチでわかっています。逆にマイナスに使うと、真逆の結果が手に入ってしまいます。言い方を変えれば、同じ認知バイアスがあなたに力を与えるものにもなれば、あなたの力を奪うものにもなるのです。

認知バイアスを理解し味方につければ、人生はよりラクに、楽しくなる

認知バイアスについて学んでいくと、ものごとを見る視点を増やしていくことができます。そして、**いくつもの研究が指摘していますが、視点が増えると人生の幸福度が高まります**。これは視点が増えると、選択に柔軟性が生じ、悩みの解決策を見いだしやすいからです。

また、さまざまな認知バイアスを理解していると、そのぶん、自分と他人の関係を複数

の角度から眺めることができ、自己理解、他者理解が向上。自分のことも、相手のことも立体的に見ることができるので、決めつけや無理解からの衝突、つまらないすれ違いが確実に減っていきます。

認知バイアスは、仕事、恋愛、人間関係、お金、勉強、健康など、人生のあらゆる分野に影響を与えています。つまり、認知バイアスを理解し、味方につければ、あなたの人生の幸福度が高まり、より楽しくラクに生きやすくなるのです。

本書はすべて最初から読む必要はなく、まずは自分の気になるページやテーマから読んでもらって大丈夫です。認知バイアスをきちんと理解したい人は、1時限目の「5大バイアス」から読むと、より理解が深まるような構成になっています。

わたしたちには、うまくいく分野もあれば、うまくいかない分野もあります。**もしうまくいかない分野があるとしたら、そこにはほぼ確実にマイナスの形で認知バイアスが存在しています。**

本書が、あなたの日々を今日から好転させるきっかけとなることを、心から願っています。

脳科学者　西　剛志

CONTENTS

2時限目

人間関係にまつわる認知バイアス

——人づき合いがうまくいかないのなぜ？

3時限目

感情にまつわる認知バイアス
イライラ・モヤモヤ・クヨクヨするのなぜ？

4時限目

仕事にまつわる認知バイアス

——いろいろやっても結果が出ないのなぜ？

5 時限目 お金にまつわる認知バイアス

——貯まらないのなぜ？ ダマされるのなぜ？

6時限目

健康にまつわる認知バイアス
──わかってても不健康なことするのなぜ？

7時限目 社会現象にまつわる認知バイアス——不思議なことが起こるのなぜ？

1

時限目

5大バイアス

生まれながらに
脳にそなわる認知のズレ

これだけは押さえておきたい「5大バイアス」

これからわたしたちの人生に影響を与えている「認知バイアス」の興味深い世界に入っていきたいと思います。

わたしたちが日常生活で体験するなにげない行動、習慣、考え方、性格、うまくいく分野とそうでない分野の違いなども含めて、想像以上の幅広い領域にこの認知バイアスが影響しています。

認知バイアスはこれまで見つかっているだけでも、200種類以上ありますが、そのなかでもわたしは、脳の性質から、次の5つの認知バイアスをとくに重要なものとして定義しています。

①注目バイアス
②プライミング効果
③比較バイアス

④**現在バイアス**
⑤**作話**

この**「5大バイアス」**は、**生存に直結している「脳の性質」**と言えるもので、わたしたちの誰もが影響を受けている重要な認知バイアスです。2時限目以降で解説していく認知バイアスのほとんどは、この5大バイアスの派生型と言えます。

長年、認知バイアスを研究していますが、この5大バイアスの影響を免れている人はほぼいないと言っても過言ではありません。これらの特徴やしくみを理解できると、2時限目から7時限目に登場するあらゆる認知バイアスも理解しやすくなります。

5大バイアスは、認知バイアスの世界のなかでは基本とも言え、「脳の5大性質」と呼んでもいいくらいのものです。**5大バイアスを知るだけで、世界の見え方がガラッと変わってしまう**人も出てくるかもしれません。

では、さっそく認知バイアスの基礎となる5つの認知バイアスについて見ていきましょう。

1 「注目バイアス」

気になりはじめると急に頻繁に目にするようになるのはなぜ？

「5大バイアス」の1つ目にとり上げるのは「**注目バイアス（Attentional bias）**」です。[*4] でも、その具体的な解説に入る前に、1つ別の話をしたいと思います。

あなたは生まれたばかりの赤ちゃんとじっくり向き合ったことがありますか？　わたしは自分の息子と対面するまで、その経験がありませんでした。そして、文献などで読んで知識はあったものの、実際に目で見て驚いたことがあります。

それは「**追視**」です。[*5] 追視とは、目の前に見えたモノを追いかける視線の動き。じつは生後すぐの赤ちゃんも、わたしたちが目の前で指や手を動かすと、ゆっくりとですが追視をします。その後、1か月、2か月と月日を追うごとに少しずつスピードアップしていき、3か月前後になると、かなり速い追視ができるようになります。

生まれたそのときから動いているモノに注目する本能があるのは、その能力が生命の維持に直結するからです。

この生存に不可欠な脳の機能と連動するように発達したのが、「注目バイアス」。つまり、この認知バイアスは子どもから大人へ成長していく間に身につく後天的なものではなく、**脳そのものの機能、性質と深く結びついたもの**なのです。

「注目バイアス」は、**一度気にしはじめると、急にその対象を頻繁《ひんぱん》に目にするようになるという認知バイアス**です。

たとえば、目の前に鼻毛が出ている人がいたら、その人の鼻毛ばかりをどうしても見てしまうことはないでしょうか？　または、欲しいバッグがあったとき、そのバッグをもった人を頻繁に目にするようになったりもしませんか？　注目することで、無意識のうちに関連するものを追視するようになるのです。

「注目バイアス」は**「バーダー・マインホフ効果（Baader-Meinhof effect）」**、**「頻度幻想（Frequency illusion）」**と呼ばれることもあります。

うまくいく人は「注目バイアス」のしくみを知っている

そして、仕事で成果を上げている人、スポーツで結果を出している人、恋愛がうまくいく人、人間関係の悩みが少ない人など、どんな分野でもうまくいく人は総じて、この「注目バイアス」の働きをうまく利用しています。

成功した人はよく「成功したいなら、まず得たいものを明確にすること」と言いますが、脳科学的にこれは真実です。

なぜなら、**得たいものを明確にした瞬間に「注目バイアス」の機能が働き、得たいものに関連する情報がどんどん入ってくる**からです。

たとえば、目を閉じて「この部屋に赤系の色は何個あるか数えてください」と言われたら、何個あると答えるでしょうか？　準備ができたら、まず目を閉じて、そして目を開けてみてください。

すると、思っていた以上に赤系の色があることに気づいたかもしれません。このとき、赤系の色が目に飛び込んでくるような感覚を覚えることがありますが、これが「注目バイアス」です。つまり、**得たい情報があると脳はどんどんとり込もうとするのです。**

たとえば将来、「海外で仕事をしたい」という希望があるのなら、それを意識してみます。すると、意識したことを脳は勝手に探そうとするため、道を歩いていても、動画を観ていても、日々の仕事をしていても、人と話していても、無意識のうちに「海外で働くこと」に関連した情報が集まるようになります。

古今東西うまくいっている人の多くが、「チャンスはつかむものだ」と言いますが、自分の得たいものを明確にする習慣を大切にするのは、経験として「注目バイアス」のしくみを知っているからかもしれません。

点は全部でいくつ？　「注目バイアス」を体感するテスト

ただし、どんな認知バイアスの働きにもデメリットがあります。

「注目バイアス」の場合、注意を向ける先を間違えると、本来、見るべきものが見えなくなってしまいます。

ここで1つテストをしてみましょう。次ページの図を見てください。

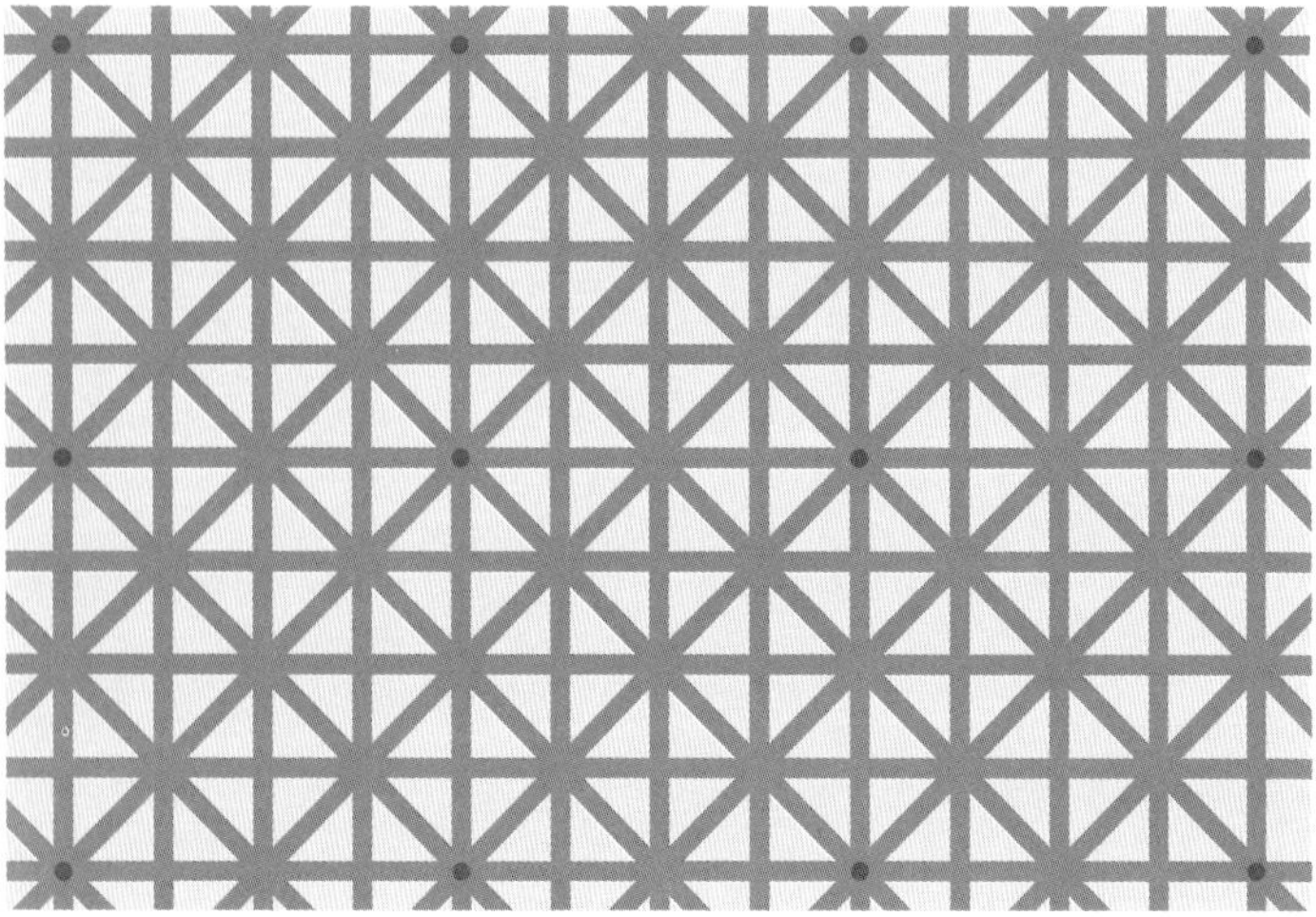

この図のなかには、濃いグレーの点がいくつあるでしょうか？

正解は12個ですが、グレーの点を数えているとき、不思議な体験をされた方もいるかもしれません。1つの点を数えようとすると、ほかの点が消えてしまうのです。

これが「注目バイアス」のもう1つの効果。脳は1つのことを見ようとすると、それにまつわる情報を集めてはくれますが、それ以外のものは見えなくなってしまうのです。

この現象は、うまくいかない分野でよく見られます。

たとえば、恋愛で相手の容姿や経済力ばかりを重視してしまう人は、それ以外の性格的な情報が目に入らなくなる傾向にあります。

すると、結婚してから、相手が短気で完璧主義、家族のことを大切にしないといったことに気づいて、離婚というケースもたびたび聞きます。

つまり、容姿や経済力などよい点ばかりに注目してしまい、悪い点がほぼスルーされて見えなくなってしまうのです。しかも、このようなよい点ばかりを見ている人にいくら「別れたほうがよい」とアドバイスしても、悪い点そのものを理解できないため、まったく意見を聞いてくれません。

同じ風景を見ていても、同じ相手と向き合っていても、あなたが見ている世界とわたしが見ている世界、道行く人が見ている世界はまったく異なります。なぜなら、1人ひとりが注目するものによって、「注目バイアス」の働き方が違うから。わたしたちは目で同じものを見ているようで、じつはこの世界を脳で見て、別の人生を歩んでいるのです。

「注目バイアス」は、2時限目以降でとり上げる「**アイソレーション効果**」、「**確証バイアス**」、「**ネガティビティバイアス**」、「**楽観主義バイアス**」、「**自己参照効果**」など複数の認知バイアスを生み出しています。それだけ影響力の強い認知バイアスだということです。

2

「プライミング効果」

直前に見たもの、聞いたものに影響を受けてしまうワケ

「5大バイアス」の2つ目は**「プライミング効果（Priming effect）」**です。

ニューヨーク大学で驚くべき実験結果が報告されました。それが、最初に触れた言葉だけで、その人の行動が変わってしまうという事実です。*6

研究者たちは、被験者を2つのグループに分けて、それぞれの人たちに次の言葉を使って文章をつくってもらいました。

Aグループ：「強引」「無礼」「困らせる」「妨《さまた》げる」「邪魔する」などマイナスの言葉

Bグループ：「尊敬する」「思いやりのある」「感謝する」「丁寧」などプラスの言葉

そして、文章をつくったあとにある場所に行って、そこにいる人に自分がいまやったこ

とを話してきてくださいとお願いします。しかし、その場所に行くと、そこにいる人はほかの人と話をしていて、途中から割り込んで話しかけることがしにくい雰囲気になっています。すると、こんな結果になりました。

Aグループ　→　平均5分程度で、2人の会話をさえぎった
Bグループ　→　82パーセントの人が10分経っても会話をさえぎらなかった

この実験からわかることは、最初に使った言葉がその後の行動に影響を与えるということ。**最初に受けた刺激で行動が変わる脳の性質を「プライミング効果」と呼んでいます**（「プライミング」とは「第一の」という意味です）。

わたしたちは、自分の行動を自分で決めていると思っているかもしれませんが、じつはまわりから受ける刺激によって影響を受けています。突然カレーを食べたいと思ったときは、もしかすると、どこかでカレーの情報に触れているのかもしれないのです。

「プライミング効果」は脳内のイメージすら変える

さらに「プライミング効果」は、行動だけでなく考え方やイメージまで変化させてしまいます。

次ページのイラストを見てみてください。

これは中央にある図形（元図形）と一緒に言葉を見せて、時間が経ったあとに被験者に絵を再生してもらうという実験です。

再生図AとBを見てもらうとわかりますが、同じ絵を見たはずなのに、描かれた絵がかなり違ってきます。たとえば、上から1段目のイラストの絵柄と一緒に「カーテン」という言葉を見せると、本当にカーテンのような形になり、「ダイヤモンド」という言葉を見せると宝石に似た形になります。「船の舵」という言葉を見せると舵のようなイラストになり、「太陽」という言葉だと本当に太陽のような形のイラストになってしまいます。

これは**一緒に見た言葉の影響で、同じ絵を見ているはずなのに、絵のとらえ方（脳内イメージ）が変わってしまった**からです。言葉だけで脳のイメージが変化してしまう現象を、

一緒に見た文字で再生図が変わる

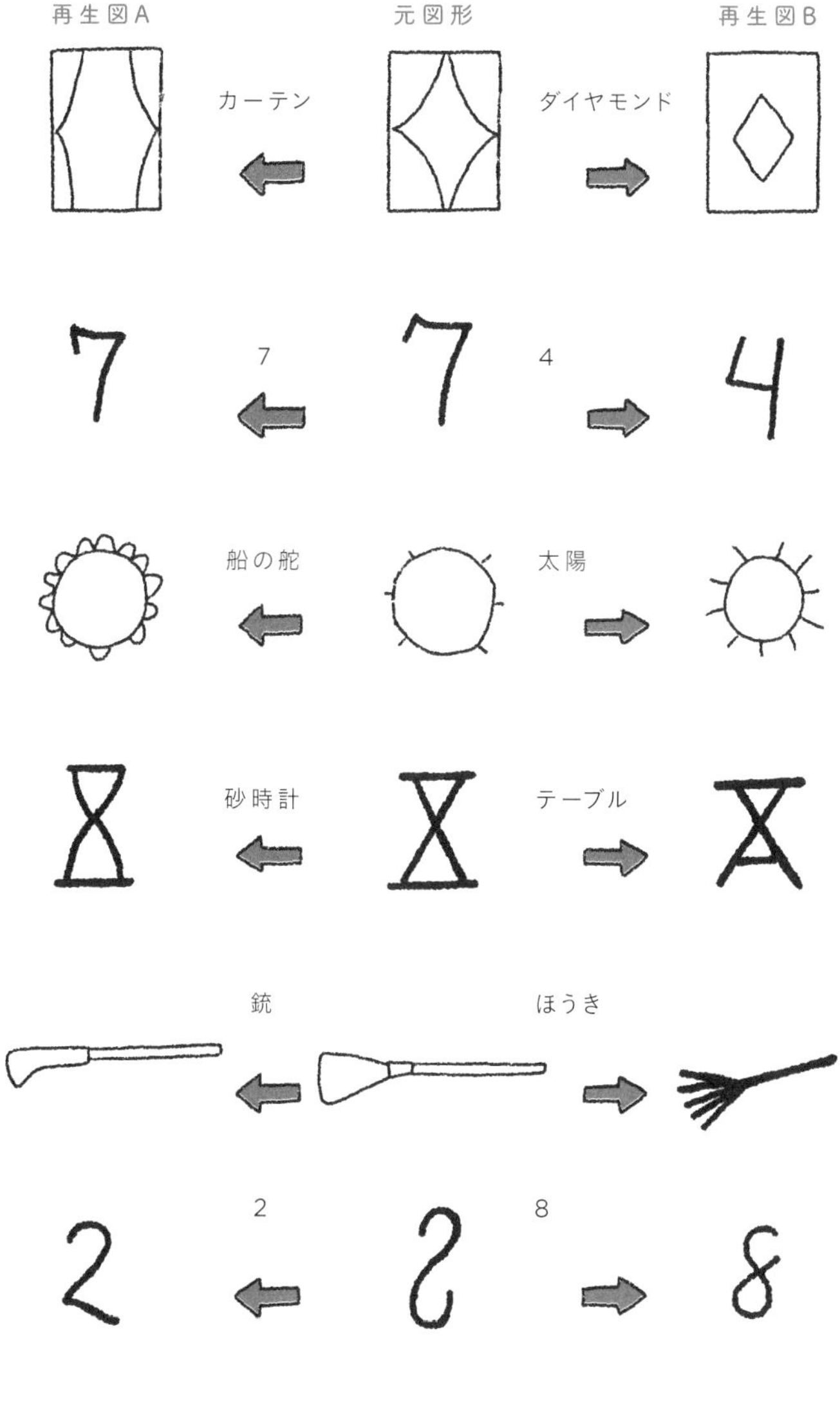

別の言葉で**「ラベリング理論」**とも言います。[*7]

子どものころに「シンデレラ、シンデレラ、シンデレラ……」と10回言ってもらったあとに、「毒りんごを食べたお姫さまの名前は？」と聞かれると「シンデレラ」（本当は白雪姫です）と答えてしまう遊びがありましたが、これはまさに「プライミング効果」でイメージや考え方が変化してしまうことが1つの要因です。

うまくいく人たちは「プライミング効果」を味方につけている

「プライミング効果」は脳の性質です。ですから、その働きを理解し、うまく活用すれば、あなたの行動や考え方、イメージをプラスに変えていくこともできます。

たとえば、よく実現したいことを書き出して壁に貼るという人がいますが、これは「プライミング効果」的にはとても理にかなった方法です。

実際、わたしが研究の一環で職場の生産性向上のため、コピー機の前に「仕事において大切な手順と心がけ」を書いた紙を貼り出したところ、上司が「サボるな」といったメッセージを投げかけた場合よりも、はるかに1日の生産性が高まることがわかりました。

ですから、たとえば部屋の棚に本を飾っておくと、その背表紙に書かれている言葉で日々の行動が気づかないところで影響を受けているという可能性もあるのです。

またプライミング効果は言葉だけでなく、視覚的な刺激も作用します。ビジネスやスポーツ界で卓越した成果を出している人たちのご自宅に伺うと気づくことですが、**うまくいく人ほど、部屋に幸せを感じる写真や尊敬する人の写真を飾っている**習慣があったりします。

幸せな気もちを彷彿させる楽しかったワンシーン、表彰されたときの写真、いつか実現したい憧れの人や旅行先の写真など、見ているだけでワクワクするような写真を目につく

場所に飾っています。

たとえば、毎朝、顔を洗う洗面台の鏡の横に「オーストラリアで働きたい！」と書いた紙とブリスベンの風景写真を貼っておくと、無意識のうちに「ここにたどり着くには？」「働きはじめるには？」という思考まで動き出すため、実現可能性が高まります。

わたしたちは、自分の考えをコントロールできているように思っていても、実際はさまざまな認知バイアスの影響に翻弄されています。だからこそ、**影響力の強い認知バイアスの働きを理解し、うまく活用することで人生によい変化を起こすことができる**のです。

この「プライミング効果」は2時限目以降に紹介する「**代表性ヒューリスティック**」や「**利用可能性ヒューリスティック**」、「**文脈効果**」、「**インパクトバイアス**」、さらに「**感情移入ギャップ**」、「**自己ハーディング**」などの認知バイアスに強い影響を与えています。

いずれの認知バイアスも最初に刺激となる情報があり、それがその後の判断や考え方を変化させるという意味で「プライミング効果」の派生型と言えます。「プライミング効果」はそれだけ重要な脳の性質なのです。

3

「比較バイアス」

なぜ、人はほかと比較して ものごとを判断してしまうのか？

「5大バイアス」の3つ目は、「比較バイアス」（コントラスト効果／Contrast effect）です。[*8]

次ページにある3つのイラストを見てください。

A～Cの図の中央にある「小さな円」と「8」は、右と左を比べるとどちらが大きいでしょうか？

この図を見てもらうと、多くの人が「右のほうが大きい」と答えます。ところが、実際はどちらも同じ大きさです（実際に定規で計ってみるとよくわかります）。

なぜ、こんなことが起きるかというと、脳には必ず2つのものを比較する性質があるからです。まわりに大きい円があると、中心の円はより小さく見え、まわりが小さいと中心の円はより大きく見えます。

この2つの対象を比較して生じる脳の認知の歪みのことを「比較バイアス」もしくは

— A —

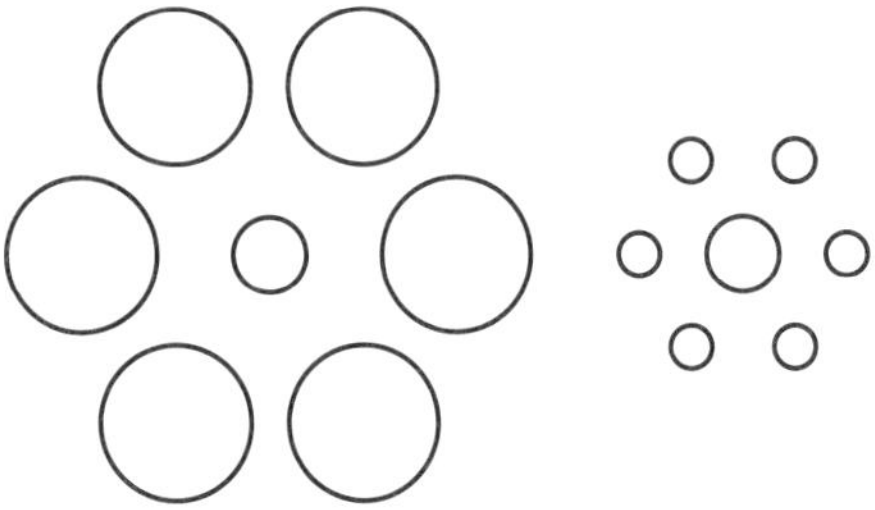

— B —

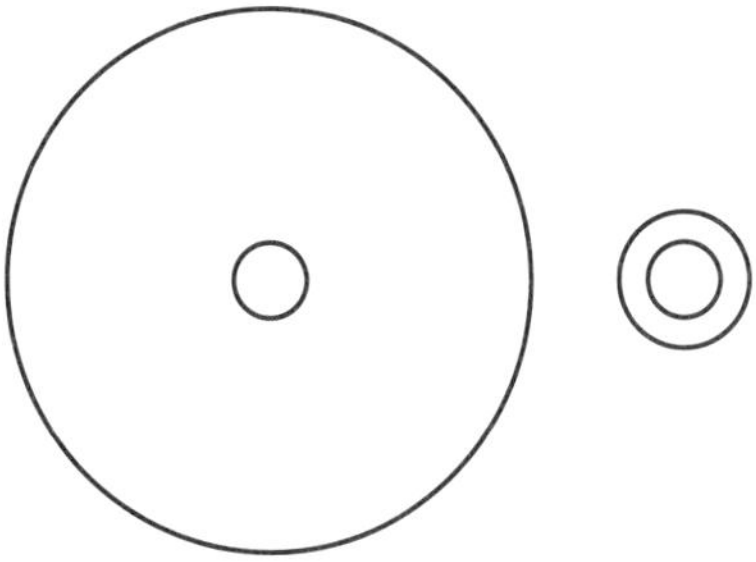

— C —

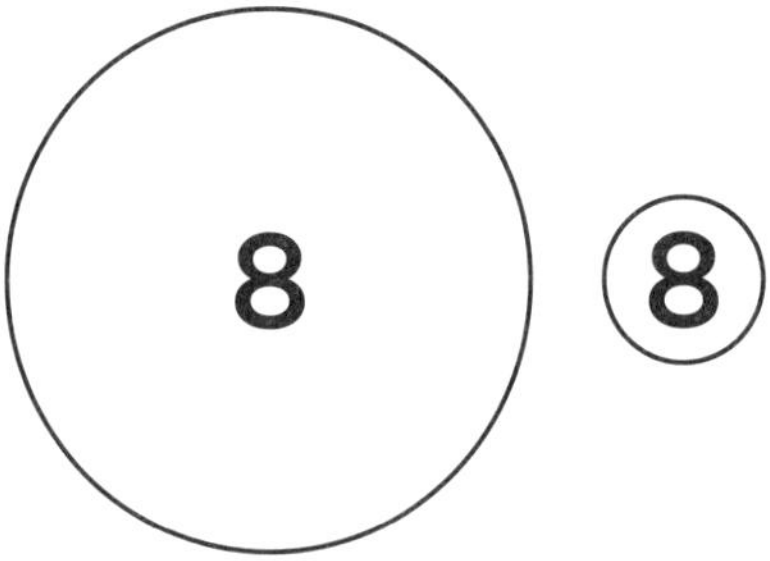

「コントラスト効果」と言います（比較バイアスの程度は個人差があり、比較バイアスが大きい人ほど右の円と数字がより大きく見えます）。つまり、この図は、わたしたちの脳が、そもそも「比較する性質」をもっていることを教えてくれるのです。

人類が生まれた太古の昔から、わたしたちは子孫を残すパートナーを探すとき、よりおいしい食べものを見つけるとき、獲物を探すときなど、ずっとAかBかという選択肢を比較しながら生きてきました。

わたしたちの脳は、生き抜くためにも比較する性質を利用して、発展してきた歴史があります。そういった意味で、「比較バイアス」も人間の本能と深くかかわる認知バイアスと言えるのです。

自分に自信をもてない人は、自己像を歪ませている

「比較バイアス」の働きのデメリットは、自己像を歪めてしまう可能性があること。Aのイラストに当てはめると、中央の円が本人の自信や能力だとします。

本来、どの環境にいても自信や能力は変わっていないのに、周囲との比較のなかで自己

像が変化。左の図のように、周囲の人のほうが自分よりも自信をもっていて能力が高いととらえると、自分を小さく感じます。

逆に周囲の人が自分よりも自信がなさそうで、能力が低いと見ていると、自分を大きく感じるのです。

わたしはこれまで多くのクライアントの相談にのってきましたが、**「自分に自信がもてない」と話す人のほとんどは、こうした「比較バイアス」の影響下にありました。**話を聞くと、性格もやさしく、仕事でもそれなりの成果を出していて、学歴もあります。でも、「自分はできない」「もっとがんばらなくては」と自分を過小評価して、悩んでしまう。これは周囲の人たちを勝手に「自分よりすごい」と考え、比較してしまっているからです。

まわりに大きい円があるから、自分の円は小さいと感じてしまう。まさに認知のズレが生じている状態です（専門用語で「インポスター症候群」と言います／1978年のClanceらが行なった社会進出を遂げた150名を対象とした調査によってはじめて報告されました[*9]）。

逆に、「比較バイアス」の働きによって本来の自分以上に「自分がすごい」と過大評価しはじめるケースもあります。その方向で性格形成が進むと、後に解説する**「自己中心性バイアス」**や**「ダニング・クルーガー効果」、「エリート効果」**などが強くなり、対人関係などでトラブルが生じる可能性も出てきてしまうのです。

こうした**「比較バイアス」のデメリットを回避するには、他人との比較ではなく、過去と現在の自分を比べる視点をもつことが役立ちます。**比較してしまう性質そのものは、本能と固く結びついているので変えることができません。だからこそ、誰かとではなく、自分と自分を比べるよう心がけましょう。詳しくは126ページでも解説しています。

すると、自分に足りていない点、成長している点、これからとり組むべき点が見えてきて、自己成長につながります。

わたしたちは自分で決定したとき、脳内で快感を感じるホルモンが分泌されて、幸福度が高まる傾向にあることがわかっています。[*10]過去の自分と比較していま何をすべきか決定できるようになると、人生が好転していくようになるでしょう。

4 「現在バイアス」

なぜ、人は将来よりもいま現在を優先するのか？

「5大バイアス」の4つ目は、**「現在バイアス[*11]（Present bias）」**。**将来よりも現在を優先するという認知バイアス**です。これもまた、わたしたちの生物としての本能と深く結びついたものです。

脳は生存欲求を満たすことを優先します。たとえば、目の前に食べられるものがあれば食べ、安心できそうな場所があれば確保し、眠れるときに眠り……将来を考えるよりも先にいまを大事にする本能が認知バイアスとなったものです。

その影響力は、生存の安全が脅かされる場面が圧倒的に減った現代でも変わらず、わたしたちのなかに残っています。

- 職場に不満があるけど、やめられない

- ランチでつい定番のお店にばかり入ってしまう
- 投資は怖いから、銀行預金のままにしておく

そんなふうにわたしたちは、基本的に現状維持を好みます。変わりたいと思うけれど、変わらない。変わらないのも、悪くない。新しい場所に行きたいけど、不安があるからやめておく。

将来よりもいまを優先する「現在バイアス」は、わたしたちの考え方と行動に大きな影響を与えています。また、このバイアスはここから派生する認知バイアスが非常に多いのも特徴です。

「双曲割引」……遠い将来の損得は待てるが、近い将来の場合、待てない傾向
「現状維持バイアス」……何か決定的な問題が生じないかぎり、現状維持を望む傾向
「システム正当化」……現状のやり方に問題があったとしても、未知のわけのわからないやり方を選択するより、知っている、慣れているやり方を選択しようとする傾向
「正常性バイアス」……異常な状態にいるにもかかわらず、それを正常だと認識することで強いストレスを感じないようにする傾向
「セルフハンディキャッピング」……自分の失敗を外側に求めてあえて全力を出さない理由をつくり、行動しなかったり言い訳したりする傾向
「理不尽な継続」……信じてコツコツと継続してきたことが、間違いだということが明らかになってもそれを継続してしまう傾向
「保守化バイアス」……新しい証拠を出されても自分の信念を修正しない傾向
「確実性効果」……成功率90パーセントから80パーセントに減《げん》じるより、100パーセントから90パーセントのほうが不快に感じる傾向
「ダチョウ効果」……明白な危機的状況を無視して、現状維持を求める傾向
いずれも新たな行動や挑戦よりも、安定している現在の環境に残ることを後押しするよ

うに働く認知バイアスです。

もちろん、いまが悪くない状況ならとどまるのも選択肢の1つでしょう。しかし、ビジネスの世界でよく使われる「ゆでガエル」の寓話《ぐうわ》のように、**一見、問題ないように見える現状維持がじつは後退のはじまりになっていることはよくある話**です。

ちなみに「ゆでガエル」の寓話は、「カエルをぬるま湯に入れて徐々に温度を上げていくと、水温の上昇に気づかずにゆで上がり、死んでしまう」というもの（実際の実験では、カエルは水温が上がると飛び出して逃げていくそうです）。

この寓話は、わたしたち個人や組織が陥りやすい失敗を的確に表現しています。

身のまわりの状況は刻々と変化しているにもかかわらず、「まだ大丈夫」「もう少しいけるだろう」と「ぬるま湯気分」でいるうち、大きなチャンスを逃してしまうことも。

つまり、**生存欲求を満たして安心するためにそなわった「現在バイアス」の働きが、ときには逆効果になる場合もある**わけです。

「現在バイアス」のネガティブな働きから脱する方法

わたしが以前、国家公務員として活動していた時代、環境的には安定した職場でした。しかし、一方で、自分の可能性を広げるためにもっと新しい世界に踏み出したい気もちも強く、この先どうしようか悩んでいました。

そんなわたしを後押ししてくれたのが、自分に投げかけた「いまのままでいいのか？」という問いかけでした。

大きなしがらみや枠に囚われずに、もっと多くの人に役立つ現場の研究をしたいという気もちがありました。広い世界を見たいという思いもありました。それらを叶えて、人生を楽しむには、安定しているとはいえ、ここにいては意味がない、そして人生最後に後悔することになる。そういう答えにたどり着き、「退職して別の道に進みなさい」という心の声が聞こえてきたのです。

もちろん、周囲にはなかなか理解されませんでしたが、心の声に従って気づいたら会社をつくり、当時はめずらしかった「うまくいく人」の研究成果を企業や個人向けに提供するビジネスをはじめ、いつしか人が増え、全国でも講演を行ない、いまでは海外でも本まで出せるようになりました。

社会が不安定ななかにあると、多くの人が安定志向となり、「現在バイアス」が強くなります。どちらがよい悪いではありませんが、わたしにとってはいまよりも未来に出会うだろう機会や多くの人々との世界に大きな魅力と可能性を感じました。そんなわたしが、安定を望む人たちのなかに、ずっと長くい続けるのは難しかったのだろうな……と、いま振り返ると思うこともあります。

わたしの例もそうですが、**「現在バイアス」と、そこから派生した認知バイアスが自分の行動を制限してしまっているとき、その対策としては自分の状況を客観視する問いかけが役立ちます。**

「この状態を長く続けたら、どうなると思う？」
「いま、感じている安定はこの先も続きそう？」
「将来、達成したいこととといまの環境はつながっていきそう？」

こうした問いを自分に投げかけることで、将来の自分の目標やゴールを意識できるようになります。すると、現状維持を求める「現在バイアス」の働きがやわらいでいったりするのです。

わたしたちは周囲の環境から影響を受けます。世界的に見ても経済が伸び悩む日本の環境では、やはり多くの人にとって「現在バイアス」が強くなりがちです。

一概にそれが悪いこととは言えませんが、もし、別の道を考えて悩むことがあるのなら、環境を変えるためにも自分自身に「大切なことは何か？」を問いかけてみることをおすすめします。

5 「作話」

記憶と事実が大きく違ってしまうのはなぜ？

「5大バイアス」、5つ目の認知バイアスは**「作話（False memory）」**です。[*12]

わたしたちには、自分の感情によって過去の記憶をつくり変えてしまう傾向があります。経験したことを実際以上に評価したり、実際には起きていない出来事を「起きた」と思い込んだり、「あの人のせいで失敗した」と信じたり……。

「作話」は記憶障害の症状の1つとして使われることの多い言葉ですが、思い込みから記憶や考え方、行動を歪めてしまうという意味で影響力の強い認知バイアスです。

一例として、スキー場で行なわれた実験があります。

リフトで上級者向けのゲレンデに連れていき、上から見たゲレンデの傾斜角度を聞きます。すると、スキーの経験の乏しい人、怖さを感じている人ほど、実際の傾斜角度よりも高い傾斜度を答えるのです。これも「作話」の一種で、偽記憶とも呼ばれます。傾向としては**「注目バイアス」で注目したものにプラスして、強く感情が動かされたとき、実際以上の大げさな記憶が残りやすくなります。**

大きく感情が動いた出来事は強く記憶に残り、反復する

「作話」が強い影響力をもっているのは、偽記憶が脳の扁桃体と密接にかかわっているからです。扁桃体は、感情がマイナスに大きく動くときに働く部位。「つらい」「まずい」「怖い」など、生存に深くかかわる感情の揺れが生じたとき、扁桃体が反応します。

そして、**扁桃体が刺激された出来事は「大事な記憶」として残りやすい**傾向があります。なぜなら、**危険を回避すること＝生命として生き残ることにつながる**からです。

「作話」の特徴としては、**作話は長期間にわたって影響を及ぼす一方、これまでにない新しい体験をすると内容が変更される**ことです。

たとえば、わたしの知り合いに昔、ウニが大の苦手の人がいました。なぜなら、小さいころ、食卓で父親から「瓶詰めのウニ（塩味が強い加工品）がおいしいから食べろ」と言わ

れて、無理矢理、食べさせられた経験があったからです。酒のつまみにはいいかもしれませんが、何度も食べるうちに、ウニを考えるだけで気もち悪くなってしまったそうです。つまり、「ウニ＝おいしくない」というイメージ（作話）がつくられたのです。

しかし、それは彼が大学に進学して上京したころのこと。アルバイトで家庭教師をはじめたときでした。家庭教師の仕事も終わり、部屋を出て帰ろうとしたとき、食事に誘われて、リビングにまねかれたのですが、席の目の前に「立派な木箱に入ったウニ」が置かれていたのです。

「いつもよくしていただいているので、今日は全部食べてください」と、お母さまから突然言われて、背筋がゾッとしたそうです。正直、すぐに帰りたいくらいでしたが、せっかく用意してもらっているので、おそるおそる箸をとり口のなかにひと口入れてみると……。

口に入れた瞬間、これまでに感じたこともないような芳醇な香りと豊かな味わいが口一杯に広がり、正直「おいしい！」と声が出たそうです。生のウニははじめての体験で、正直、こんなにおいしいとは思っていなかったのだとか。そしてそれ以来、彼はウニが大好きになってしまいました。快感の体験が「作話」を大きく変えたのです。

「作話」が変わると「人生」も変わる

「作話は快感の体験を通して、変えることができる」

このことをわたしも現場でたくさん体験してきました。恋愛に奥手だった人が早く結婚したいと思えるようになったり、ダイエットできなかった人が減量に喜びを感じて10キロやせたり、スポーツにやる気を失っていた人が意欲的になったり、人生に悲観的だった人が小さなことに幸せを感じられるようになったり、数え上げるとキリがありません。

これはある業界で有名な講演家の話ですが、以前はまったく人前で話すことができなかったそうです。小学校のころに、人前でうまく話せず、恥ずかしい思いをしたからとのことでした。

しかし、その25年後、そんな彼に大きな転機がありました。クライアントからどうしても講演で多くの人に話してほしいと懇願され、はじめて講演会をしたときのことです。緊張しながらも、つたない言葉で人生で何が大事なのかを話しました。そして、会が終わったとき、そこから予想もしなかった割れんばかりの拍手が鳴り響き、多くの人に感謝されたのです。撮影した動画を確認すると、そこには、イメージしていた自分とはかけ離れた姿が写っていました。完璧ではないかもしれませんが、落ち着いていて、笑顔で、どんな人にもわかりやすく優しい口調で話をしている自分の姿があったのです。

内側で感じている自分と外側から見た自分。その違いが事実として認識されて、まるで魔法が解けたような感覚になったそうです。

このように「作話」という認知バイアスは、これまでにない新しい快感の体験をすると、視点が増えてリセットされることがあります。そしてイメージが本来のものへと変わり、これが183ページでも述べる「信念バイアス」となって、わたしたちの能力にも影響していきます。また、自分の感覚は正しいと感じる「内観幻想（Introspection illusion）[*13]」によって、新しくできた信念は日々強化されてゆき、自分の力になっていきます。

「作話」がつくり変えてしまったストーリーから逃れるには？

「作話」と関連する、または派生した認知バイアスも複数あります。

「自己中心性バイアス」……過去が都合よくねじ曲げられる傾向（釣った魚の大きさが実際よりも大きくなる、テストの点数を高く記憶するなど）

「自己奉仕バイアス」……成功の要因は自分にあると考え、失敗の要因は自分以外にあると考える傾向

「権威バイアス」……権威のある人の言うことは正しいと思い込んでしまう認知バイアス

「後知恵バイアス」……ものごとが起きたあとで「そうだと思った」と、まるで予測可能だったように考える傾向

「凋落《ちょうらく》主義」……社会や組織が凋落しつつあると考え、過去を美化し、将来を悲観する傾向

「悲観主義バイアス」……ネガティブな出来事を過大評価し、ポジティブな出来事を過小評価する傾向

「ピーク・エンドの法則」……過去の経験をその時間や経過ではなく、その絶頂（ピーク）時にどうだったかと、どう終わったかだけで判断してしまう傾向

「透明性の錯覚」……自分が知っていることは、相手も知っていると思ってしまう傾向

「前後即因果の誤謬」……関係がない2つの出来事に関係があると思い込んでしまう錯覚

（黒猫が横切ると縁起が悪い）

「要約効果」……人の話の一部だけを抜きとって、それを自分の視点で解釈し、本来の話を歪めてしまう傾向

こうした**「作話」がつくり出すストーリーから逃れるには、自分の記憶について問い直してみる試みが役立ちます。**

幼いころの記憶と事実を照らし合わせてみたり、先ほどの講演家の例で言えば、一貫して抱いてきた自己イメージを映像にすることで客観視してみる、など。あなたのいまに強い影響を与えている記憶が本当に正しいものなのかを問い直すことで、無意識のうちにつくられていた「作話」の存在に気づくことができるようになります。

また2020年の最新研究で、わたしたちが何かを強く信じてしまうのは、脳のなかの後内側前頭前野（pMFC）[*14]と背外側前頭前野（DLPFC）、腹内側前頭前野（VMPFC）[*15]が関係していることが報告されています。この部分に影響を与えると、なんと後ほど紹介する「確証バイアス」を含む考え方まで変化するそうです。[*16]

これらの部分を活性化させるために大切なことは、新しい体験や知識を得ること。それにより、古い考えがリセットされて、新しい考え方や行動ができるようになります。

ですから、本書を読んでいて気づいたことがあれば、思ったことや発見したことをスマホやノートにメモしながら読んでみてください。認知バイアスは文字として視覚化すると、客観的に見られるため、正しい認知に修正されたりもするからです。

これから、仕事からお金、人間関係、恋愛、スポーツ、感情、学習、健康まであらゆる分野において認知バイアスに陥りやすいケースを見ていきます。

うまくいかない分野があるとしたら、そこには必ず「脳の認識のズレ」が存在します。そのことを理解して修正できれば、わたしたちはより豊かな人生を実現しやすくなります。自分や他者に対する新しい発見を楽しみながら読み進めてみてください。

2

時限目

人間関係にまつわる認知バイアス

人づき合いがうまくいかないのなぜ？

01 一度壊れた人間関係はなぜ修復するのが難しいのか？

関連するバイアス——「注目バイアス」「アイソレーション効果」「確証バイアス」

最悪の出来事が起きたり、激しく衝突したり、口論したり、わたしたちはマイナスな体験をするとその出来事が記憶に長く残ります。そして、頭ではわかっているけど、その人との関係がぎこちなくなってしまいます。なぜ、こんなことが起きるのでしょうか。

これを理解するために、次ページの写真を見てください。

この写真を見ると何が目に入ってきますか？　もしかすると、色の濃いトマトばかりが目に入ってくることに気づくかもしれません。

これは、1時限目でとり上げた5大バイアスの「注目バイアス」が働いているからです。目立ったものが目に入ってくる現象を、別名、**「アイソレーション効果」**といいます（ドイツの精神科医で小児科医のフォン・レストルフが発見したことから、フォン・レストルフ効果とも）。[*17]

この注目バイアス（アイソレーション効果）が働くと、次にその相手を見かけたとき、どんなにいいことを言われても、悪いふるまいや行動ばかりが目に入ってきます。たとえば、話している相手の目が気になると、瞳ばかり見てしまいます。
また、はじめて出会ったときに失礼なことを言われたら、相手のマイナスな言葉に脳は注目します。そのあとに、どんなによいことを言われたとしても、脳は相手のマイナスな点を探そうとするのです。その結果、ちょっとした軽い冗談でもそれが嫌なことに聞こえてしまうことがあります。
すると「ほらまた言っている、イヤだな」と思いますよね。

だからAさんは失礼な人に違いないと思うわけです。そして、それが**「確証バイアス」(Confirmation bias)**（自分がすでにもっている先入観や仮説を肯定するため、自分にとって都合のよい情報ばかりを集める傾向性のこと）となって、「Aさん＝嫌な人」という構図ができてしまいます。

そして、一度この「Aさん＝嫌な人」という確証バイアスができてしまうと、脳は相手の嫌な点しか見ようとしないため、それが確信となってAさんのイメージが固定化されてしまいます。

「言われたことの真意」を確認してみる

こうした認知バイアスの働きに気づき、**よい人間関係に改善していきたい場合には、少しだけ勇気がいりますが、相手に自分の気もちを正直にちょっとだけ伝えてみる**ことをおすすめします。

第一印象がよくなかった相手に「前回、○○を言われたんだけど、これはどういう意味だったのかな？」と聞いてみます。すると、意外と本人は「失礼な」ことを言ったつもりではなかったかもしれません。相手の生まれ育った地域では、会話の間にツッコミを入れて盛り上げるのがコミュニケーションとして当たり前だったということもあります。

メールで傷つく言葉を書いてきた相手に、「前回のこの文章は、どういう意味で言っていたのかな?」と聞いてみます。すると、自分が思っていたこととまったく違って驚くことがあります。たとえば、**「あなたは変な人だ」と言われたとき、悪い意味ではなく「変わっている＝めずらしくて貴重な人、一般にはいない才能をもった人」という意味で使っているかもしれません。**

言葉というのは、不思議なもので、同じ言葉でも意味が人によってまったく違います。たとえば、「成功が大事だよね」と言っても、「仕事で地位や名誉を実現することが成功」と思っている人、「マイホームをもつことが成功」と思っている人、「家庭をもつことが成功」と思っている人、「いい大学に行くことが成功」と思っている人がいます。

成功といっても、たくさんの成功の形があります。自分が思っている成功と、相手が思っている成功は、まったく違うということもありえるわけです(わたしはこれを人それぞれの「言葉の地図(マップ)」と呼んでいます)。

このように**「相手の真意(言葉の地図/マップ)」を確認することで、相手の本当の考え方**

や気もちが理解できて、ネガティブだった印象が変わることがあります。

すると、「確証バイアス」でつくり上げられたその人のイメージが崩れて、相手の印象が変わってしまうのです。

あなたにも「あのとき以来、ギクシャクしているけど、できれば関係を修復したい」と思っている相手がいるなら、久しぶりに話をしてみてください。少し勇気は必要ですが、相手にその言葉の真意を確認してみましょう。

認知バイアスを味方につけるコツ

勇気をもって自分の気もちを伝えてみる

02 見た目だけで相手の印象が決まってしまうのはなぜ？

関連するバイアス――「代表性ヒューリスティック」「連言錯誤」「文脈効果」

背の高い人を見ると、「学生時代はバスケットボールをやっていたのかな？」と想像したり、病院の周辺で白衣の人を見かけたら「お医者さんかな？」と思ったり、商談の場にスーツの中高年とTシャツの若手がいたら、スーツ姿の人を上司だと感じたり……。

あなたも経験があると思いますが、わたしたちははじめて会った人の見た目の印象から勝手に相手の人物像を思い描いてしまうことがあります。

でも、「きっとこんな感じの人かな」と思って話してみたら、まったくの勘違い。背の高い人は運動が苦手だったり、白衣に見えたのは白いコートだったり、Tシャツの若手が上司でスーツの人は転職したばかりだったり……という展開が待っていることもめずらしくありません。

それでもまた別の誰かと出会ったとき、わたしたちは再び見た目の特徴に引っ張られて相手の印象を決めてしまいます。

こうした「見た目だけで相手の印象が決まってしまうのは、なぜ？」という現象を引き起こしている認知バイアスが、1時限目で述べた「**プライミング効果**」（最初の刺激が影響を与える効果）の派生型とも言える「**代表性ヒューリスティック**」です。*18

一見すると難しい言葉に感じるかもしれませんが、ここで言う代表性とは、相手の目立つ特徴のこと。1時限目で述べた「注目したものが目に入ってくる」という脳の性質です。

ヒューリスティックはギリシア語でアルキメデスが法則を発見したときに叫んだとされる「**Eureka**（見つけた！　わかった！）」を語源とする用語で、「おおよそ正しい答えに近いものを発見するまでの方法」という意味です。

つまり、「**代表性ヒューリスティック**」（Representativeness heuristic）とは、「**あるものの代表的な特徴と合致しているならば、それに近いだろうと直感的に判断すること**」です。わたしはよく「近道思考（80パーセント思考）」とも呼んでいます。

つまり、目立つ特徴によって、わたしたちの判断が影響を受けてしまうわけです。

ただし、ヒューリスティックには欠点があります。それは一足飛びに結論にたどり着くぶん、大事なことを見落としてしまったり、経験や常識の思い込みから勘違いの原因になったりするということです。

先ほどの例で言えば、「背が高い」と「スポーツ」、「病院で白衣」と「医師」、「上司」と「スーツ」が結びつき、直感的に相手の人物像を想像してしまいました。

人は見た目だけでなく言葉からも影響を受けてしまう

わたしたちは、直接顔を合わせなくても、言葉に触れるだけで「代表性ヒューリスティック」の影響を受けてしまいます。次のプロフィールを読んでみてください。

> トムは学生で成績優秀ですが、創造性がありません。文章を書かせても単調で機械的です。規律やはっきりしたことが好きで、自分が優秀でありたいと思っています。人には関心がなく、相手の気もちがわかりません。人づき合いも好きでなく、自分中心でものごとを考えます。でも、倫理観はあるほうです。

トムが大学で専攻しているのは、（A）〜（C）のどれでしょうか？　可能性が高いほうから順位をつけてみてください。

（A）教育
（B）経営
（C）コンピュータサイエンス

するとどうでしょうか。多くの人は、一番可能性が高いのが（C）、もっとも可能性が低いのが（A）と答えます。

なぜなら、プロフィールに記載されている「創造性がない」「機械的」「人の気もちがわからない」「自己中心的」というマイナスな言葉を見ると、その言葉の意味に引っ張られて、「創造性がない」＝経営や教育には向かない、「機械」＝コンピュータ、「人とかかわらない」＝サイエンス、「自己中心的」＝教育には向かない、というふうに脳が勝手に連想してしまうからです。

でも文章だけ見ると、「成績優秀」、「規律やはっきりしたことが好き」、「倫理観はある」

という教育者にも必要な資質が複数入っています。確率的には教育者の可能性もあるわけです。にもかかわらず、わたしたちはマイナスワードのインパクトに影響されてしまい、その人の人格や職業などを勝手に妄想してしまいます。

わたしも仕事柄、教育の分野で実際の先生にお会いすることがありますが、意外と人見知りだったり、文章に創造性がなかったり、校長先生の言うことをその通りにこなすだけの先生にも出会ってきました。

確率的にはいろいろな可能性があるはずなのに、人はマイナスな印象に引きずられて、その人を言葉だけで判断してしまう。この「代表性ヒューリスティック」によって生じる現象を**「連言錯誤」(Conjunction fallacy)**と呼ぶこともあります。[*19]

また、この「代表性ヒューリスティック」と似たものに、**「文脈効果」(Context effect)**という認知バイアスもあります。

突然ですが、ここで質問です。

次のページに2つの単語が書かれていますが、真ん中のアルファベットはなんでしょうか?

多くの人は「A」と答えると思います。

でも、実際は「H」です。わたしたちの脳は、C◯Tという前後の文字を見ると、文脈を考えて当然「CAT／ネコ」だろうと考えて、真ん中の文字を「A」と見ます。

そして、下の単語は「THE」と書かれているのに、上の文章につられて下の文字まで「TAE」だと見えてしまうのです。

この文脈効果は、実生活でも身近に体験しています。

たとえば、あなたがレストランに入って、豪華な内装やレセプションでの丁寧な対応に「すごい！」と感銘を受けたとします。すると、「プライミング効果」の一種である「文脈効果」が働き、料理を食べる前から「きっとおいしいに違いない」と考えてしまうのです。

同じことは、人との出会いの場面でも起きます。

清潔感があり、TPOに合った服装の相手を見て「誠実で、気配りができそう」と感じたら、「きっと仕事もできるに違いない」と想像してしまうのです。

逆に、ビジネス系の勉強会に行き、登壇した講師がボサボサの長髪でノーネクタイ、しわの寄ったチノパンだったらどうでしょう？　第一印象で受けた不潔さから「この人の話、信頼して大丈夫なのかな？」と不信感が高まるはずです。

勘違いなどの「脳の認識のズレ」から脱する2つの方法

「代表性ヒューリスティック」や「文脈効果」は、わたしたちに誤った判断をさせるためだけに存在するわけではありません。よい面もあります。

- このお店のパスタはおいしかった、このお店のメニューはハズレがないに違いない
- 経営者が元気な会社はこれまで伸びている、だからこの会社の株も伸びていくはず

● 前回の試合で左から攻めてくる選手がいたから、今回も左から攻めてくるだろう

わたしたちはものごとを判断するとき、一から考えると大変ですが、過去に体験したことや知識を通して判断を効率化できます。

ですから、第一印象で「この人は信用できそう」「この人、怪しい」「この人、合わなそう」「ここは危ない」と感じたら、その予感が当たることもあります。

それは、あなたのこれまでの人生での無数の経験が判断に生かされているからです。

一方、いままでに出会ったことのない出来事、はじめて行く場所、レアなシチュエーションでは、認知バイアスによる間違いが起こりやすいので注意が必要です。

なぜなら、判断するための材料が不足しているため、相手の目立つ特徴に引っ張られ、勘違いや間違った思い込みをもってしまい、認知バイアスがネガティブに働く傾向があるからです。こうした「代表性ヒューリスティック」や「文脈効果」のデメリットを回避するには、2つの方法がおすすめです。

1つは、すばやく結論に達したあと、次の問いを自分に投げかけること。

「いま目の前にいる人は、同じ特徴をもっていても、以前出会った人とは別の人です」
「いま目の前で起きていることは、似たようなシチュエーションだとしても、以前遭遇した状況とは別の出来事です」

もう1つは、信頼できる友人や同僚の意見をとり入れること。

「あの人のこと、どう思う？」
「この状況、どう見えている？」

これは認知バイアス全般に言えることですが、自分の考え方の偏りに、自力で気づくのは難しいもの。そこで、状況を冷静に眺めるためにも、自問自答や第三者の意見を聞いてみましょう。すると、脳の認識のズレを正しい方向に修正することができるようになります。

認知バイアスを味方につけるコツ

自分に問いかけてみる、他人の意見を聞いてみる

03

なぜ、イケメンと美女は性格が悪いと思ってしまうのか？

関連するバイアス――「利用可能性ヒューリスティック」「バークソンのバイアス」

「イケメンは浮気をしやすく、性格も悪い」。世の中にはそう思っている人がいます。しかし、あなたの身のまわりにいるイケメンと美女は本当に性格が悪いのでしょうか？

これを説明するのが、簡単に判断できるものを優先する**「利用可能性ヒューリスティック」（Availability heuristic）**という、思考をショートカットしてしまう認知バイアスです。[20]

まずは次のページのグラフを見てください。これはシドニー工科大学のライオネル・ページ教授が、男性の容姿と性格の分布図の例を示したものです。

縦軸は性格で、横軸が容姿。右上はイケメンで性格もいいグループ、右下はイケメンで性格が悪いグループ、左上はイケメンではないが性格はいいグループ、左下は見た目も性格も残念なグループとなります。

男性の容姿と性格の分布図

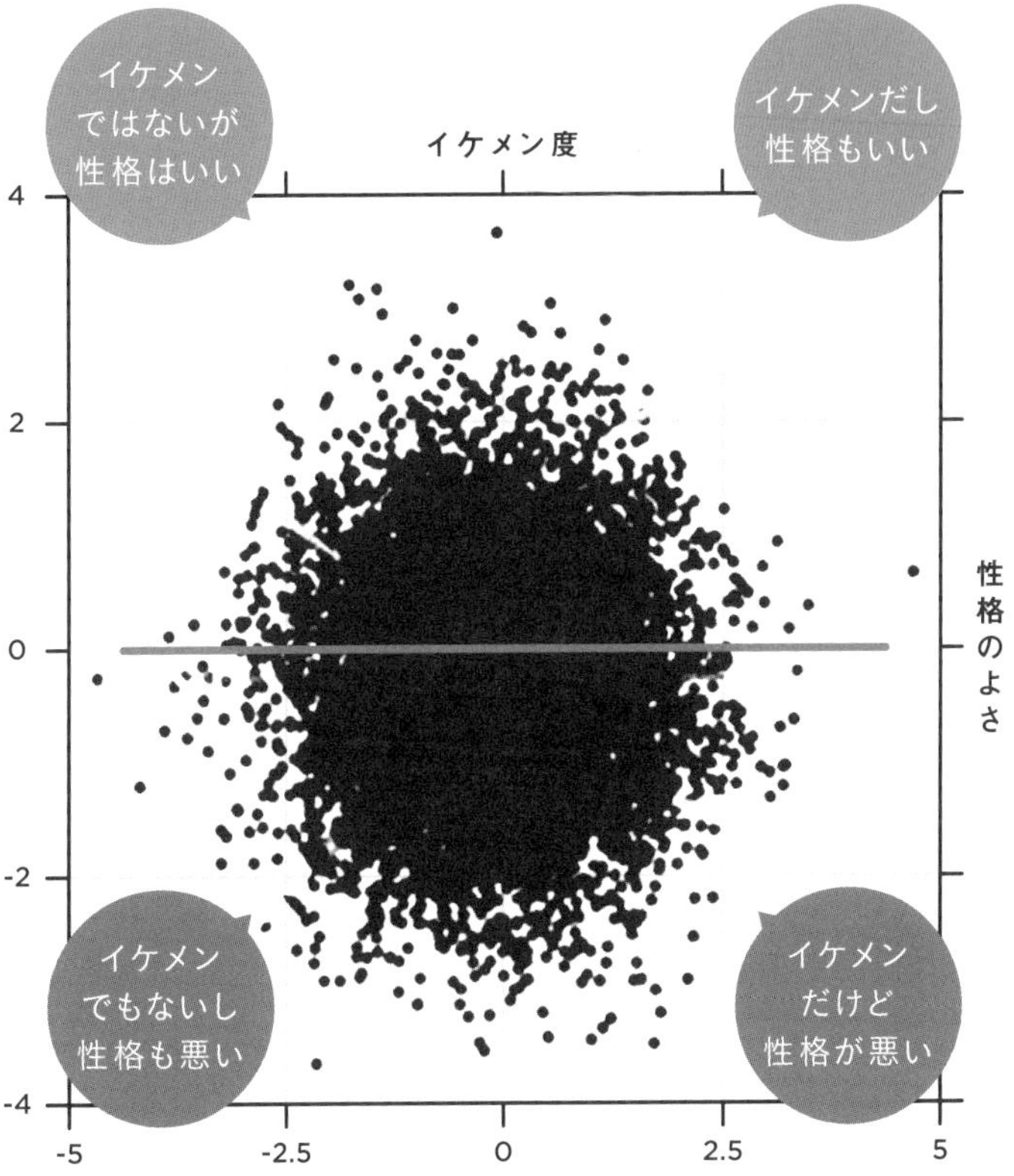

分布図の中央を走るオレンジの線は、男性の性格と容姿の相関関係を示しています。この例の場合、つまり、見た目の善し悪しと性格の善し悪しは関係ありません。イケメンでいいヤツもいれば、イケメンでもなくてイヤなヤツもいるし、その逆もあるわけです。

女性が男性を異性として見るときの分布図

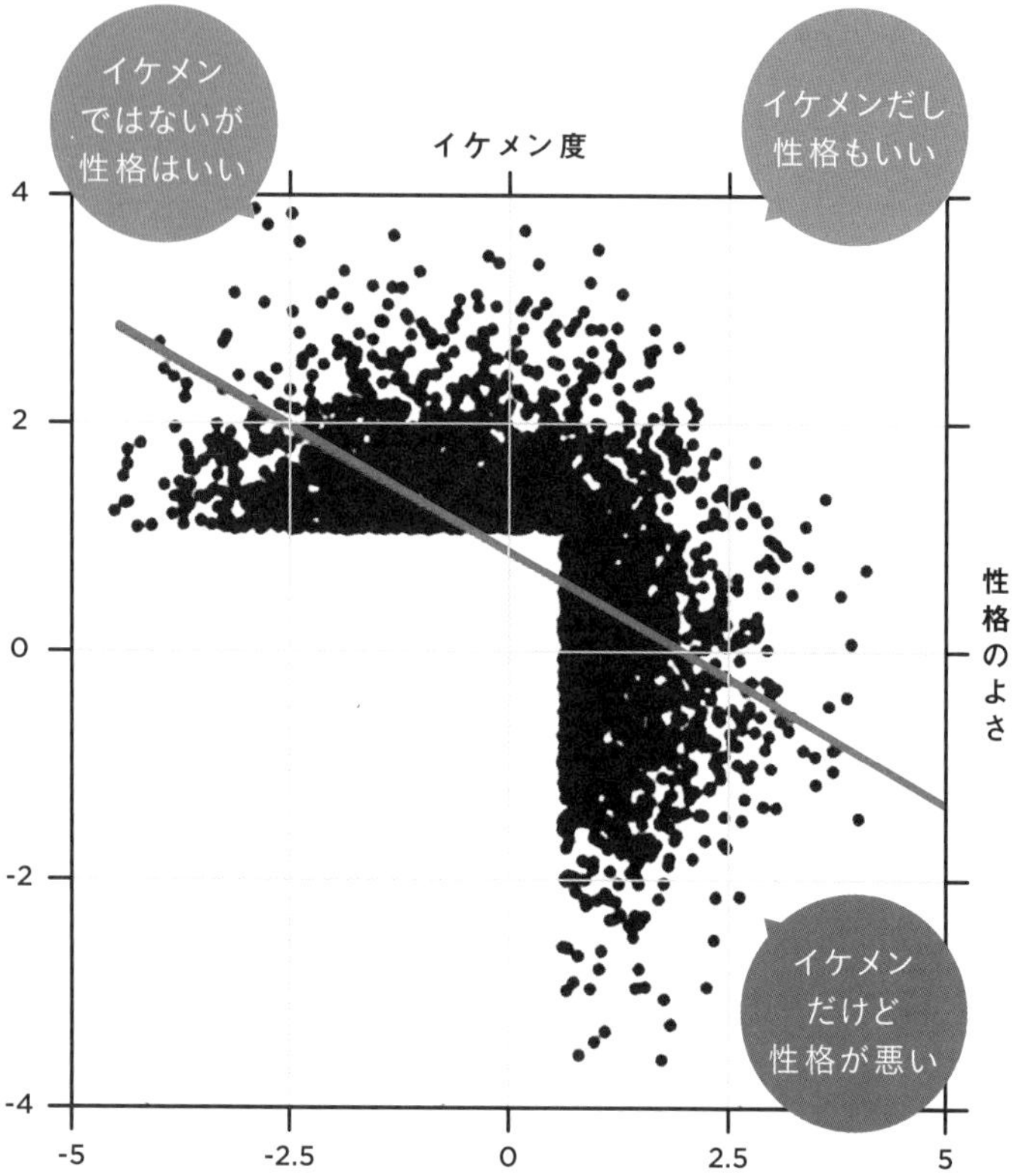

本当は「イケメンのグループ」と「イケメンではないグループ」の2つは同じくらいの割合だったのに、こうして「イケメンではないグループ」の半分がいなくなったことで、男性の性格と容姿の相関関係を示すオレンジの線は右肩下がりになります。

73ページの図の通り、サンプル数が増えるほど、4つのグループは同じ割合になると仮定します。すると、性格が悪い人は、容姿がよい人と悪い人に均等に分かれるはずです。ところが、女性が男性を異性として見るとき、「性格が悪い＋容姿も悪い人」を無意識に排除してしまう傾向があります。その結果、脳のなかのイメージは74ページのようになります。すると、性格が悪くて容姿も悪い人が一気に消え、性格が悪いのはイケメンだけになってしまいます。結果、「イケメンだけど、性格が……」となってしまうのです。もちろん、これは男性と女性の性別を逆にしても当てはまります。

こうして多くの人の経験や思い込みが積み重なり、真実とは異なる結論に行き着いてしまいます。アメリカの統計学者ジョセフ・バークソン氏も同様の現象を発見しており、**「バークソンのバイアス」**と呼ばれることもあります。[*21] **わたしたちには、全体を見ずに一部を見るだけで、それが正しいと判断してしまう傾向があります。**ですから、「イケメンと美女は性格が悪いよね」と言われると、なんとなく「そうだよね」と納得してしまうのです。

認知バイアスを味方につけるコツ……

わかりやすい一部だけではなく、全体を見て判断する

04

なぜ、長年連れ添った夫婦ほど相手にイライラしたりするのか？

関連するバイアス――「透明性の錯覚」「知識の呪い」

ある日のことです。わたしは1か月後に大きな講演会を行なうことが決まっていました。そこで、当時スタッフが足りず手伝ってもらっていた妻に「会場のレイアウトを担当の人と相談しておいてね」と事前にお願いをしておいたのです。

ところが、翌月になっても妻が準備を進めている様子が見えません。「一体いつになったらやってくれるんだろう？」そう思いながら仕事をしていましたが、2週間前になっても、1週間前になっても、動きがありません。

しまいには、いよいよ3日前となりました。さすがのわたしも不安になって思わず「どうして早くやってくれないの？」と妻に聞いてしまいました。いま思えば、無意識のうちにイラッとした気もちもどこかで感じていたかもしれません。

すると、妻から驚きの答えが返ってきました。それが「早くやってねと言われなかったから」という答えだったのです。あっけにとられましたが、いま思えば、当時のすれ違いの原因は、わたしと彼女でそれぞれ異なる無意識のルールをもっていたからです。

わたしたちは無意識にそれぞれ自分のルールをもっています。「時間は厳守したほうがいい」「困っている人がいたら親切にしたほうがよい」「食べるときは音を立てないほうがよい」「一度言ったことはやり通さないといけない」。

こういったルールは、自分にとって大切なものです。ですから、自分がルールを破ると罪悪感となり、人が破ると怒りやイライラにつながります。

わたしたちは当時、次のルールをそれぞれもっていたようです。

わたしのルール→「伝えられたことは早くやるほうがよい」

妻のルール　　→「早くやってと言われなければ、すぐにやる必要はない」

つまり、お互いのルールにズレがあったことが、それぞれの脳の認識のズレを生み出していたのです。

じつは、このすれ違いをつくり出しているのが、**「透明性の錯覚」（Illusion of transparency）**というバイアスです。

「透明性の錯覚」は、1988年にコーネル大学の心理学教授トーマス・ギロヴィッチ氏らが発見した、「自分の考え、感情が実際以上に相手に伝わっていると思い込む」認知バイアス。1時限目で述べた「5大バイアス」のなかの**「作話」**の一種です。[*22]

同じ家に住んで、同じものを食べ、生活リズムも近い夫婦の場合、「透明性の錯覚」が働きやすくなります。出会った当初、結婚してしばらくは誰もが「相手は自分と違う存在」という感覚で接しているはずです。

ところが、長年連れ添っていくうち、自己像と相手の像が一体化してしまいます。その結果、「なんでイラッとしているのに、わかってくれないの?」「こんなに疲れているのに、労《ねぎら》いの言葉の1つもないのはどうして?」「やってほしいと思っているのに、やってくれないのはなぜ?」と、伝えてもいない自分の感情が夫や妻に共有されていると錯覚してしまうのです。

これは「相手は自分のことをわかってくれる」という信頼や愛情の表れでもありますが、「言わなくてもわかる」という大前提に立つのは別の視点から見ると「甘え」とも言えるかもしれません。

さらにスタンフォード大学で行なわれた面白い実験があります。[*23]「ハッピーバースデー・トゥ・ユー」などの有名な120曲のリズムを被験者に打たせて、そのリズムを聴くメンバーがどれくらい曲名を当てられるかを調べました。

面白いのは、事前にどのぐらいの人が曲を当てられるかアンケートしたところ、リズムを打つ人の50パーセントが「相手はリズムだけで曲名を当てられる」と思っていたことです。ところが、実際にやってみると正解率はわずか2・5パーセントでした。

打つ側は事前に曲名を知っています。しかも、誰もが耳にしたことのある有名な曲ばかりですから、「誰もがわかるだろう」と思い込んでしまうのです。この「透明性の錯覚」は、別名**「知識の呪い」**（Curse of knowledge）とも言われます。

長く一緒にいるからって、本当に感情も知識も共有できている？

「感情も知識も相手と共有できている」という脳の認知のズレは、夫婦関係だけにとどまりません。つき合いの長い上司と部下、スポーツのチームメイトや、学生時代からの友人、学校の先生と生徒や先輩と後輩の関係まで、**近い人間関係ほど、「透明性の錯覚」が働いてしまう可能性があります。**

この脳の認知のズレを防ぎたい場合は、「相手が何も知らないと思って話すこと」が一番です。

自分がいま、抱えている感情も、知っている知識も、相手にはわからない、知らないことを大前提にすること。すると、感情が伝わらないモヤモヤも、「なんで知らないの？」というイライラもなくなります。

教育の世界で「どういうふうに教えたら、子どもたちの能力が伸びるか」を調べたことがあります。そのとき、一番効果があったのは教える側が、そのクラスでもっとも学習レベルが低い人に合わせて説明するという教え方でした。

学習レベルが下の子にも伝わるように教えると、勉強ができない子もできるようになります。一方、勉強のできる子たちにとっては意味がないかというとそうではなく、基本ルールや知識を改めて再確認できると、応用するスピードが上がって、学習能力がさらに伸びていくのです。

つき合いの長い夫婦でも、親子でも、会社関係の人でも、だからこそ、油断せず、いま、自分の抱えている感情を伝え、共有したい情報や知識についてしっかりと説明しましょう。

すると、その**コミュニケーションがお互いへの理解度も深め、「透明性の錯覚」の効果を軽減してくれる**のです。「相手は他人だ」と思うくらいが認知バイアスを外すために有効なこともあるのです。

認知バイアスを味方につけるコツ

どんなに親しい相手でも、相手が何も知らないと思って話す

05

くり返し言っても、あの人はなぜ反省しないのか？

関連するバイアス――「自己ハーディング」「真理の錯誤効果」「ダニング・クルーガー効果」

突然ですが、あなたはどちらのお店がおいしそうだと感じますか？

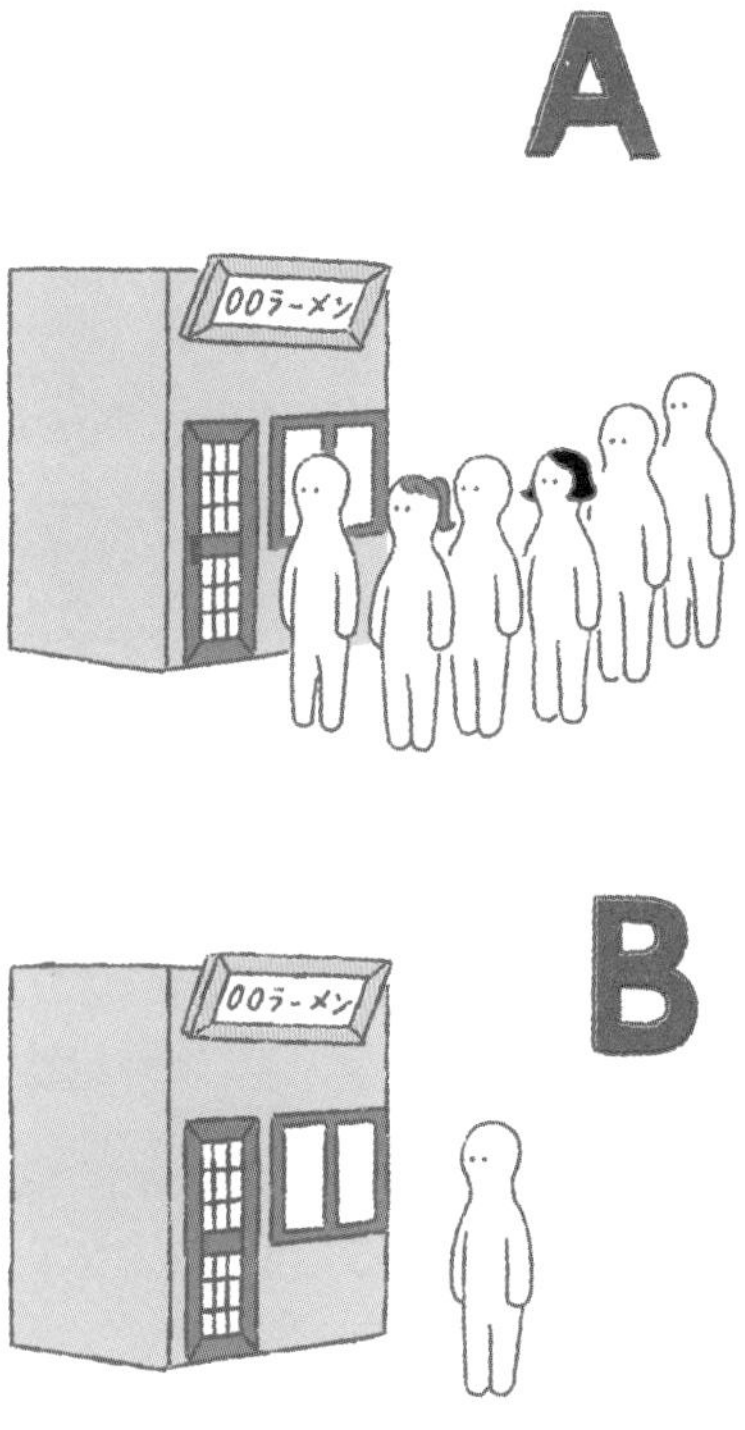

多くの人がAと答えると思います。Aのお店は行列ができるほど支持されている、だからおいしいに違いないと考えるからです。

「人がたくさん群がっているから、きっと正しいに違いない」と思ってしまう現象、これを専門用語で**「ハーディング（Herding）」**（群れをなす）と言います。

このハーディングはじつは自分に対しても起きます。**過去に自分がとっていた行動を見て、同じ行動が多いと**（群れをなしていると）、**それを考えなしに習慣化していく**のです。これを**「自己ハーディング（Self-Herding）」**と言います。[*24]

「お菓子を深夜に食べて最高な気もちを感じたら、翌日悪いとわかっていてもまた夜に食べてしまった」、「最新の携帯のアプリを入れたほうがよいのに、これまでの慣れ親しんだアプリを使ってしまう」、「車の運転でもっと近い道があるのに、これまでによく通っている道を行こうとしてしまう」というのも、「自己ハーディング」の現象です。

そして、こんなタイプのちょっと困った人たちに悩まされたことはないでしょうか？

- 同じミスをくり返すのに、何度注意しても反省しない
- プライドが高く、絶対に間違いを認めない
- 人の意見は聞かずに、自分の意見ばかり主張する

これらも、過去に自分を正当化したことで、その後の行動も無意識に自分を正当化する行動をくり返してしまうという「自己ハーディング」の現象です。

とくにこの**「自己ハーディング」で人の意見を聞かないという行動は、「自尊心」が低い人ほど陥りやすい**傾向があります。なぜなら、人の意見を聞かない、間違いを認めないというのは、これまでの自分のやり方を正当化することだからです。正当化することで自尊心を高めたいのです。

逆に、自分のやり方を変えてしまったら、それは自分が間違っていることを認めてしまうことですから、自尊心がさらに傷ついてしまいます。つまり、プライドの正体は、劣等感だったのです。

またこうした「自己ハーディング」を続けていると、もう1つの問題が起きてしまいま

す。

それはくり返し同じことをやっているため、それが間違っていてもそれが本当だと思ってしまう**「真理の錯誤効果」（Illusory truth effect）**です。[*25]

このバイアスは、カナダのトロント大学のリン・ハッシャー教授が発見したもので、同じ情報が何度も報道されると、それが本当だと思ってしまうという現象です。

とくに最近で有名なのが、米国のトランプ前大統領の言動でしょうか。ウソの発言をくり返し報道することで、いつしか多くの人がそれを真実だと思ってしまう現象が確認されています。２０１６年に行なわれた世論調査では、米国の犯罪は凶悪になったと言う人が57パーセントもいましたが、実際にＦＢＩのデータを見ると犯罪件数は20パーセントも下がっていたそうです。[*26]

つまり、**わたしたちは自分が正しいと何度も言っていると、それがウソだったとしても、いつしかそれが正しいものだと信じてしまい、誤った判断をしてしまう**のです。

また、反省しない人や過剰な自信家は、**「ダニング・クルーガー効果」（Dunning-Kruger effect）**の罠にはまっている可能性もあります。

「ダニング・クルーガー効果」は、アメリカのコーネル大学のデイヴィッド・ダニングとジャスティン・クルーガーという2人の心理学者によって1999年に提唱された認知バイアスです。[*27]

彼らが大学で行なった実験では、診療や自動車の運転、チェスやテニスの試合など、さまざまな場面での自己評価を調査。すると、成績の悪い学生ほど自分の順位を過大評価し、優秀な学生ほど自己評価を正しく、もしくはわずかに低く見積もることがわかりました。

知識がない人、経験の浅い人、能力が乏しい人ほど「自分を過大評価し、実力がともなわない自信をもってしまう」のです。

恐れを知らぬように見える新人の言動、自分は能力以上にできると思い込んでいる自信家の背景には、「ダニング・クルーガー効果」があったのです。

相手が信じる権威の力を借りて、反省しない人の心を動かす

悪気がないとしても、同じ職場や取引先にこうしたタイプの人たちがいると、しんどい

ものです。可能であれば、接触を避けるのが一番です。しかし、なかなかそうもいかない現状もあるかもしれません。

そんなときは、権威の力を利用すると有効なことがあります。

なぜなら、「自己ハーディング」の傾向がある人は、「自尊心」が低い傾向があるため、自分にない能力や才能をもっていたり、尊敬する人に対する憧れの気もちが強く、自分もそうなりたいという思いが強いからです。

- 「経営者として世界的に有名な〇〇氏は、どんなときも相手が何も知らないと考えて、話すことを大事にしていたそうですよ」
- 「SNSで有名なインフルエンサーは、小さいときから意外とコツコツ勉強して花開いたみたいだよ」
- 「ニュースでやってたんだけど、結婚して幸福度が高いカップルは、店員さんにもやさしいらしいですよ」

このように**有名な人が実践していることや、ビジネス、スポーツ、恋愛、ダイエットな**

どでうまくいく人の習慣や考え方を伝えると、メッセージが伝わりやすくなります。

「自己ハーディング」や「ダニング・クルーガー効果」の働きで、「ほかの人の知識、経験、能力を正確に推定できない」状態にある相手に、あなたの意見をぶつけてもなかなか通じません。しかし、その人が信頼している権威からの声には耳を傾けてくれることがあります。

相手にとって影響力のある第三者を探し出し、働きかけることで、彼らの認知のズレをよい方向に導いてあげることができるかもしれません。

認知バイアスを味方につけるコツ

権威のある人の言葉を借りて、遠回しに伝えてみる

06

人を動かすのがうまい人とそうでない人は何が違うのか？

関連するバイアス——「自動性（カチッサー効果）」

あなたのまわりには、この人に言われると「行動してみたい！」と思える人と、一方でこの人に言われると「逆にやる気がなくなる」という人はいないでしょうか？
じつはその違いを調べていった結果、これまでにいくつかの共通点がわかっています。なかでもたった1つの言葉で、大きな違いが生み出されることが明らかになっています。

それが**「理由を伝える」というシンプルな習慣**です。

このことを理解してもらうために、ハーバード大学の心理学者エレン・ランガー教授が行なった、「コピー機の実験」という有名な実験を紹介したいと思います。[*28]

実験はオフィスでコピー機の順番待ちをしている列の先頭へ行き、「順番を譲ってほしい」と依頼するというもの。

もし、あなたが列の先頭で次にコピー機を使える立場だとして、いきなり「すみません、先にコピーをとらせてください」と言われたら、どんな感じがするでしょうか？「この人なんなの！」と思ってしまうかもしれません。

実際に「5枚コピーをとらせてください」とお願いした場合、60パーセントの人が承諾しましたが、残りの40パーセント、およそ半分の人は断ってしまいました。

しかし、次に被験者はこのように相手に伝えてみました。

- 「すみません、急いでいるので先にコピーをとらせてください」
- 「すみません、コピーをとらなければいけないので先にコピーをとらせてください」

すると、その結果、研究者も驚いたことに、93〜94パーセントの人が「いいですよ」と承諾してくれたのです。

なぜ、こんな簡単なことで人は行動が変わるのでしょうか。

わたしたちはいきなり「譲ってください」と言われると、脳が本能的に抵抗を感じます。しかし、理由を伝えられると、脳の論理的な思考を司る前頭前野でその理由が処理されるため、脳のなかでその事実を受け入れようとする体勢が整います。なぜなら、その人が言っている理由は事実であるため、脳は事実を否定できないからです。その結果、**理由のあとにくるメッセージを大切なものとして脳が受け入れやすくなります。**

こうした認知バイアスを、**「自動性（Automaticity）」**と言います。つまり、「○○なので、△△してもいいですか」という「理由（事実）」を伝えるだけで、脳は自動的に行動しようと思ってしまうのです（日本では「カチッサー効果」とも言われています）。

ビジネスやスポーツ、恋愛などあらゆる分野でうまくいく人は、人を動かす天才です。そして、かなりの確率でメッセージに理由を添える習慣があります。

「あいさつが大切なんだ！」と伝えるだけでなく、「あいさつをすると自分も相手も気もちよくなるから、あいさつが大切なんだ」。

「ものごとをメモすることが大事」ではなく、「手を動かすと記憶に残りやすいから、メモすることが大事なんだ」。

「前にもっとかがんでバットを振って」ではなく、「重心が前にかかると力が入りやすくなるから、前にもっとかがんでバットを振るんだ」など、理由を伝えるだけで、ずいぶんと伝え方が変わります。

ここで面白いのは、**きちんとした理由でなくても、脳は理由として処理する**ということです。

たとえば、家庭の朝のゴミ捨て。「このゴミ、捨ててきて！」ではなく「先に出かけるから、家を出るとき、ゴミをもっていってくれる？」。

また、子育て中、言うことを聞いてくれない子どもに「やめなさい！」「ダメ！」と感情的に怒るのではなく、「木に登るのはよくないから、登るのはやめてね」「コーヒーを飲むから、静かな声で話そうね」など、きちんとした「理由」でなくても、理由を添えて話すと、そのメッセージが脳で処理されるため、相手もメッセージを受け入れやすくなります。

もちろん、きちんとした理由を伝えたほうが相手にとってもプラスになるためおすすめです。

しかし、もしとっさに理由が出てこないときは、対処法として理由でない理由を伝えるだけでも効果があります。保険として知っておくとよいかもしれません。

プレゼンテーションで「自動性」をとり入れる

この「自動性」を知っていると、ビジネスシーンでも役立ちます。

とくに「どうしてわたしの意見は伝わりにくいんだろう？」と悩んでいるとき、「今日のプレゼン内容に説得力がないな……」というとき、**「メッセージに理由を添えると説得力が上がる」**ということを思い出しましょう。

あなたの意見が伝わりにくいのは、メッセージに理由が添えられていないからかもしれません。あれもこれもと情報ばかりが多くなっていたり、感情ばかりが入りすぎていた可能性もあるのです。

認知バイアスを味方につけるコツ

「○○なので、△△してもらえますか」と理由を添えてメッセージを伝えてみる

07

世の中にはなぜ理不尽なクレームを言う人がいるのか？

関連するバイアス――「前後即因果の誤謬」

「黒猫が前を横切ったら、不吉なことが起きる」
「誰かが噂をしていると、くしゃみが出る」
「四つ葉のクローバーを見たら、幸運が訪れる」
「風邪は人にうつすと治る」

実際にはなんの因果関係もない出来事をつなぎ合わせた格言は、日本だけでなく、世界各地に数え切れないほど伝わっています。なぜ、わたしたちは本来関係のない事柄の結びつきに対して、なんとなく「あるかも……」と感じてしまうのでしょうか。

そこには**「前後即因果の誤謬（Post hoc ergo propter hoc）」**と呼ばれる認知バイアス

がかかわっています。[*29]

　これは、「Aが発生したことによって、Bが起きた」と発生した出来事に対して、勝手に因果関係をつくり出す認知バイアスです。

　たとえば、自転車で転んでケガをしてしまい、ショックを受けたとします。

　これまで自転車で転んだことなんかなかったのに、転んでしまった。どうしてだろう？　そういえば、転ぶ前に黒猫が前を横切った。昔から黒猫が前を横切ると、不吉なことが起きるって言うから、それでかな……。

　本来、自転車で転んだことと黒猫は無関係です。ところが、2つの出来事を結びつけて納得させようとします。

　どうしてこうした認知バイアスがあるかと

いうと、**わたしたちの脳はコントロールできない状況に対して恐怖を感じる**からです。

なぜ、それが起きたかわからない。どうやって納得すればいいのかわからない。そんな**不安定さからくる恐怖を追いやるため、AとBの因果関係を見つけ出して安心しようとする**のです。

加えて、「自動性」の解説でも触れたように、わたしたちの脳には理由があるとフレーズを受け入れやすいという性質があります。世界各地に「黒猫が前を横切ったら、不吉なことが起きる」的な、意味が通じるようで通じない格言やことわざがあるのは、こうした認知バイアスの働きによるものかもしれません。

そして、理不尽なクレームを言う人も「前後即因果の誤謬」の影響を受けているのです。

あなたの言うAとBには、なんの因果関係もないですよ!?

- マンションの隣人から「あなたが引っ越してきてから、うちの家電が壊れるようになった」と文句を言われた
- 上司が験《げん》を担《かつ》ぐ人で「キミの日ごろの行ないが悪いから、今回の契約はうまくいかな

かったんだ」と非難してくる

- パートナーが「前に似た薬を飲んで症状がひどくなったから……」と過去の体験に囚われて、新しい薬を飲んでくれない

言われる側からすると、「あなたの言うAとBには、なんの因果関係もないですよ」と思ってしまいますが、世の中にはこうした理不尽なことを言う人たちが一定数います。

実際、以前、わたしの講演会に参加された幼稚園の園長先生は、園の理事長からこんな言葉をぶつけられ、悩んでいました。

「キミのそのオドオドした態度を見ると、どうしても怒らずにいられなくなるんだ」

会うたびに言われるので、もう幼稚園をやめたいくらいだということでした。

しかし、ここで大切なのは、世の中には本当に理不尽なことを言ってくる人と、そうでない人の2種類の人がいるということです。そのどちらかを確かめるために、わたしは彼にこう質問してみました。

「理事長先生のよいところ、長所はどんなところですか？　まずはそれを20個書き出してみてください」

相手を変えるのではなく、自分が変わることで認知バイアスが変化する

すると「えっ、なんでそんなことが必要なのですか？」と言われましたが、「やってみればわかるので、とにかく書き出してみてください」と伝えました。

最初は「全然ない」と言っていた彼ですが、「子どもには思いやりがある」「教育に熱心」「面倒見がいい」「責任感がある」「スピーチがうまい」「保護者には定評がある」「人脈が広い」「旅行に連れていってくれた」など、1つ2つと書き出していくとどんどん出てきて、最終的に20個まで書き出せました。

すると、不思議なことが起こりました。あれだけ怖かった理事長への気もちが変わっていることに気づいたのです。

これまでストレスしか感じませんでしたが、よい面を知ると意外と教育者としてはよい部分もたくさんあったのだなと思えてきたそうです。そして、理不尽なことを言われているると思っていたことも、厳しい言葉は彼にもっとよくなってほしいと思う気もちの裏返しだったことに気づきました。

つまり、**「注目バイアス」**の効果で、一度気になると理事長の悪い部分ばかりが目に入ってしまい、言われたことを実際よりも大きくマイナスに感じてしまっていたのです。

しかし、よい点を改めて理解できると、一気に愛着と感謝の気もちが湧いてきました。翌日理事長に会ったとき「これまですみませんでした。わたしがもっとしっかりしていれば、理事長もそんなことを言わなくて済んだのに、これからはみんなのためにがんばります！」と伝えたそうです。

すると、理事長は「君はいつか気づくと思っていたから強く言っていたけど、その言葉を聞けて本当にうれしい。ありがとう」と言ってくれたそうです。

それ以来、理事長との関係は格段によくなり、頻繁にコミュニケーションもできるようになりました。そして、何より仕事に対して生きがいを感じられるようになり、幼稚園もこれまで以上に活気にあふれるようになったそうです。

もちろん、自分には非がなく、相手が理不尽なだけのときもありますが、どちらなのかを確認したいときは、ぜひ一度、相手のよい点を見るようにしてみてください。

自分の状態が変わると、相手の言葉のとらえ方が変わることがあります。

どんなことを言われても、客観的に相手の言葉の真意を理解できる人は、どんな分野でもうまくいくでしょう。

認知バイアスを味方につけるコツ

相手のよい面を見ることで、相手の言葉を客観的に理解する

08 なぜ、伝言ゲームは正しく伝わらないのか？

関連するバイアス――「要約効果」

以前、あるテレビ番組で、「伝言ゲームは伝わるのか」という実験をしていました。右端に座るタレントさんから伝言ゲームをはじめ、6人経由して左端のタレントさんまでメッセージはきちんと伝わるか……という実験です。

結果はあなたも予想した通りで、1人経由するたびに伝言は変化し、最後はまったく違うメッセージになっていました。番組的には大きな笑いが起きるいいシーンになっていましたが、同じ現象がビジネスシーンで起きたときには笑っていられません。

たとえば、社長の「新規事業に力を入れたい」というメッセージが、役員から部長、課長、チーム長へと現場に近いメンバーに伝わるうち、「社長は新規事業を考えているけど、実際は保守的」という内容に変化してしまったら大変なことになります。

人から人への伝言がうまく伝わらないときに働いているのは、**「要約効果（Verbatim effect）」**という認知バイアスです。[*30] わたしたちは人から聞いたことを、聞いたまま再現して次の人にパスするのが苦手です。

これは脳の2種類の記憶が関係しているからです。[*31]

- **GISTメモリー（要旨的記憶）**……印象に残ったことを要点として記憶する機能
- **VERBATIMメモリー（逐語的記憶）**……過去の経験や学びを詳細に記憶する機能

わたしたちは誰もがこの2種類の記憶をもっています。ただ、一度にすばやく多くのことを思い出そうとすればするほど、人は「要旨的記憶」に頼りがちになる傾向がわかっています。ところが、「要旨的記憶」は記憶の正確性が落ちるにもかかわらず、伝言ゲームでは、言葉と内容を要約する「要旨的記憶」が活躍します。というのも、瞬時に内容を伝えるとき、脳は一度に多くのことを記憶できないからです。そこで、**伝言されるメッセージの要点だけを覚えるわけですが、ここにトラップがあります。**

人によって「重要だ」と思うポイントが違うのです。

1人ひとりが自分の認知バイアスで伝言を歪めてしまう

わたしはメッセージをよく「箱」にたとえますが、社長は「箱の全体」をメッセージとして発したのに、役員は「左面」ばかりを部長に伝え、部長は左面から考えられる先の可能性にまで言及し、現場に情報が下りるころにはまったく異なる内容になっていく……。

つまり、伝言を聞いた人はそれぞれ自分の認知バイアスに従って、メッセージの思う要点をピックアップし、要約。そこにその人の価値観、感情、立場などの要素が加わり、独自の解釈が行なわれ、次の人に伝えるときにはもうオリジナルとは違うメッセージに変化しているのです。

6人の伝言ゲームでは、これが5回くり返されます。当然、AがAマイナスになるくらいで済むことはまずなく、AがCになり、CがMになり……最後にはVになるなんてことも起きるわけです。

伝言ゲームでの「要約効果」は、わたしたちの脳の記憶の性質と深く結びついています。それだけに伝言ミスをなくすのは不可能だと言えるでしょう。**言葉の行き違い、言った・言わないのトラブル、メッセージの誤要約を防ぐには、書いて記録に残すことです。**

- スタート地点でのメッセージを文章に残しておく
- 人から人への伝達はメールやメモでやりとりする
- 混乱が生じたら、ソースをたどっていく

間に人が挟まれば挟まるほど、メッセージは変化します。これは1人ひとりの認知バイアスが異なるため。決して記憶力不足ではありません。だからこそ、文章にして残す習慣を大切にしていきましょう。

認知バイアスを味方につけるコツ

聞いたメッセージは必ず文章にして残すようにする

09

なぜ、「そうなると思っていた」とあとで言ってくるのか？

関連するバイアス――「後知恵バイアス」

「ああ、やっぱりね、この件は最初から無理だと思っていたよ」
「知っている？　あのヒット作。俺、当たると思ったんだよね」
「大谷翔平選手の二刀流、絶対にメジャーで成功すると思ってたよ」

仕事でもプライベートでも、結果が出てから「そうなると思っていた」と上からマウンティングしてくる人たちがいます。

こういった人たちの原因となっているのは、**「後知恵バイアス（Hindsight bias）」**。[*32] このバイアスは、ものごとの結果が出てから「それが予測可能だった」と考える傾向です。

あなたも、何か失敗をしたときに周囲から「だから、言ったのに」などと言われ、モヤッとした経験があるのではないでしょうか。

客観的に見れば「結果が出たあとなら、なんとでも言える」わけですが、「後知恵バイアス」が働いているとき、「そうなると思っていた」と言っている本人は、「正しい指摘をしている」と考えているのです。

とくに普段、「自尊心」が満たされていない人ほど、その傾向は強くなり、「相手にとって役立つ指摘をしている」「こんな指摘ができる自分はすごい」と自分の発言を過大評価してしまいます。

これは**「自分はこの結果になることを知っていた」と主張することで、本人の自尊心が満たされるから**です。

「わかっていた」をくり返していると、過去の記憶まで書き換わってしまう

また、**「後知恵バイアス」は、過去を歪めて認識させる働きもあります。**

以前、日本の裁判で、川の濁《にご》りを観察することで、事故を回避できたかどうかが争点となったことがありました。

この裁判で、大阪市立大学の研究チームがこんな実験を行なっています。[*33]

114名の学生を2つのグループに分け、「川の濁りの早期発見が災害の予防になる」と伝えたうえで、同じ写真を渡して川の水の濁り具合を7段階で評価してもらいました。

そのとき、1つ目のグループには「実際の災害時の川の写真」だと伝えて写真を見てもらい、もう1つのグループには「ただの川の写真」として何も言わずに写真を見てもらいました。

その結果、同じ写真を見ているにもかかわらず、実際の災害の川の写真という「後知恵の情報」を伝えられたグループのほうが、より強く「水の濁りがある」と評価したのです。

研究チームは「同じ写真でも、結果を知ることで濁りが強く見える。典型的な『後知恵バイアス』だった」と指摘しています。

ここで覚えておきたいのは、**わたしたちは結果や知識を与えられることで、認知の仕方や記憶を無意識に変化させてしまう可能性がある**ということです。

「自分はこの結果になることを知っていた」と思うことで「自尊心」を満たすことはできますが、ただ結果がわからない状況になると、自分で考える力が落ちてしまうというデメリットもあります。それをくり返すことで「自分で未来を予測して考える」という大切な力が失われてしまいます。

過去を歪めてまでして自分を正当化するのは、人としてはあまりほめられたことではありません。

できるなら、「後知恵バイアス」で自分を満たすのではなく、結果がどのようになるのか自分の力で考えることで成果を出し、自己肯定感を満たしていくこと。それが最終的に本当の自信へとつながっていきます。

認知バイアスを味方につけるコツ

結果が出てから意見を言うのではなく、結果を予測して考えてみる

3

時限目

感情にまつわる認知バイアス

イライラ・モヤモヤ・クヨクヨするのなぜ?

10 恋をすると人を見る目がなくなるのはなぜ？

関連するバイアス――「感情移入ギャップ」「ホット・コールド・エンパシー・ギャップ」

あなたは恋をしたとき、こんな経験をしたことはありませんか？

- この人への愛は、永遠にずっと続くものだと思ってしまう
- まわりから「あの人はやめたほうがよい……」と言われても、信じられない
- 相手をよく知らないのに「最高の人」だと思い込んでしまう

情熱の程度の差はあれ、恋のはじまり、わたしたちは人を好きになると相手を現実以上に素晴らしい存在だと評価してしまうことがあります。

ここで働いているのは、**「感情移入ギャップ（Empathy Gap）」**と呼ばれる認知バイアス

です。[*34]

このバイアスは、1時限目で述べた**「プライミング効果」**のなかでも感情に作用するもので、**現在の感情がこの先の未来もずっと続くと思い込んでしまう脳のクセ**です。そのため、恋をしたり、怒っていたりすると、その感情をもたない視点で考えることができません。

また、このバイアスは別名**「ホット・コールド・エンパシー・ギャップ」**とも言われます。なぜなら、わたしたちはホット（やる気）な状態だと、そのホットな気もちが永遠に続くと思い込み、コールド（やる気のない）な状態だと、そのあともずっとコールドな状態が続くと思い込んでしまうからです。[*35]

たとえば、「恋をすると人を見る目がなくなる」のは典型的なホットの状態です。つき合いたての関係なら、相手を嫌いになるなんて思いもしませんし、別れる可能性があるなんて考えもしません。

逆にもう何年も恋愛をしておらず、「この先、人を好きになることもないのかな」というのが典型的なコールドの状態。でも、改めてそう思った翌日に運命的な出会いがあるかもしれませんし、同窓会に行って学生時代に好きだった人と再会して恋愛感情が再燃することもあるかもしれません。

いずれにしろ、「感情移入ギャップ」が働いているとき、わたしたちは特定の感情に支配され、それ以外の感情をもった視点からものごとを考えることができません。客観的な判断力を失ってしまいます。そして、その特定の感情がこの先も永遠に続くと思い込んでしまうのです。

とくに、恋する気もちを感じているとき、わたしたちの脳はある種の興奮状態に陥っています。ユニバーシティ・カレッジ・ロンドンのセミール・ゼキ教授らがfMRIを使って恋愛初期の人の脳を調べたところ、恋する状態にある人の脳では20か所以上の部位が同時に活性化する一方で、判断力を司る前頭前野の機能の活動が低下していたそうです。[*36]

これはお酒で酔っ払ったときに近い状態。仮に友人から「あの人はやめておきなよ」とアドバイスされても、それを冷静に判断できないのもしかたのないことかもしれません。

ただ、ここで大切なのが、恋愛におけるホットな「感情移入ギャップ」は永遠には続かないということです。長い人でもおおよそ3年を超えると、ホットな状態はなくなってしまいます。

なぜなら、この恋愛のホットな状態（ドキドキ感）は、「ドーパミン」や「フェニルエチルアミン」などの脳内ホルモンから生み出されており、これらのホルモンは個人差はあれど最長でも3年を超えると分泌されなくなってしまうからです。

すると、急に魔法が解けたかのように恋が冷めてしまいます。「なんでこんな人とつき合っていたんだろう？」「相手にまったく魅力を感じない」という人さえ、出てきます。

ただ、3年経っても幸せなカップルもたくさんいます。なぜなら、その人たちは、ドキドキ感を恋愛に求めるのではなく、安心感やつながりを大切にしているからです。**安心やつながり、信頼を感じるときに分泌されるオキシトシンという脳内ホルモンは、60歳を超えてさらに増えていく**ことが、2022年の研究でもわかってきています。[*37]

つまり、相手を追いかけるようなスリルやドキドキ感だけを恋愛に追い求める人たちは、ある日、急に恋が冷めてしまうのです（『三年目の浮気』という日本で大ヒットした曲がありますが、どうやら正しかったようです）。

「感情移入ギャップ」はダイエットにも影響する

「感情移入ギャップ」の働きは恋愛以外のシチュエーションでも、わたしたちの判断に影響しています。

たとえば、満腹（ホットの状態）のときにダイエットの計画を立てると、もともと感情が満たされているので「きっとうまくいくだろう」と感じます。でも空腹（コールドの状態）のときの視点で考えていないため、結局お腹が空くとついジャンクフードを食べてしまったりします。

あるいは、セール会場で「これはおトク」と感じて買った服が、ずっとクローゼットにしまわれたままになったり、家を建てるときに節約しなければならず、「無駄遣いはできない」（コールド状態）とがまんして安いエアコンを買っても、実際に住んでみたらそのエアコンだと部屋が暖まらず、もっと性能のよいエアコンにすればよかったと思ったり……。

こうした「感情移入ギャップ」の働きによる判断ミスを防ぐには、2つの方法が役立ちます。

1つは自分に「この考えは正しいのだろうか？」と質問を投げかけること。ホット、コールド、どちらの状態でも「あの人は本当に恋人にふさわしい？」「このダイエットの計画に無理はない？」「この買いものは正しい？」と問いかけることで、強い感情に押し流されそうになっていた思考を中断することができます。

ただし、この方法は「感情移入ギャップ」という認知バイアスがあると知っているということが大前提になります。知っていれば、自分の思考に偏りが生じていると気づくことができるでしょう。

もう1つの方法は、「オーバービュー・エフェクト」です。[*38]

これは現在の場所から距離をとる方法。**宇宙から地球を見ると、人類がちっぽけな存在に見えるように、距離をとることで客観的に対象を見ることができる**ようになります。

バイトに行って、ひと目惚れの相手がいる学校から離れてみる、商品を手にレジへ向かうのではなく一度セール会場の外に出てみる、ダイエットの成功例を放送するジムやサプリメントのテレビ番組を見続けるのではなく一度消してみる……など、刺激を受ける環境から離れることで、前頭前野が状況を客観視してくれるようになります。

以前、暴言をはく男性と別れられない30代の女性が相談にきたことがありました。友人からやめるように言われても、別れられない。そんな悩みの相談を受け、わたしは一人旅に出てみるようアドバイスしました。

「相手から距離をとり、普段自分がいた環境からも離れること。そうすることで、自分の感覚が正しいのかどうかを客観視できるかもしれませんよ」と伝えました。「オーバービュー・エフェクト」です。

女性はそれから実際に旅行に行ったそうですが、翌週オフィスにいらしたときに「本当に久しぶりの一人旅で、彼がいないとこんなに気もちがラクになるんだと気づけました」と感動していました。離れた場所から自分のいた環境を見ることで、本当はやめたかった関係に終止符を打つことができたそうです。

もし、この先あなたがつらい感情に引っ張られて、ものごとをネガティブな方向にしか考えられないような状況に陥ったときには、少し気分転換のためにも旅に出てみてください。「感情移入ギャップ」の働きが弱まると、冷静に状況を眺めることができます。

認知バイアスを味方につけるコツ

一人旅をするなど、刺激を受ける環境から離れてみる

11 なぜ、強制されるとやりたくなくなるのか？

関連するバイアス――「心理的リアクタンス」

わたしは教育系の講座や研修もよく行なっています。そこで、こんな簡単な実験をすることがあります。お子さんたちの前に箱を置いて、「この箱を絶対に開けないでね」とお願いして、その場を離れるのです。すると、子どもたちはほぼ100パーセントの確率で箱を開け、中身を確認します。

これは「何が入っているんだろう？」という好奇心にプラスして、**「心理的リアクタンス（Psychological Reactance）」**という認知バイアスが働くからです。[*39]

「リアクタンス」とは、強制されたことに反発したくなる状態のこと。この実験の場合、子どもたちは「この箱を絶対に開けないでね」という禁止の強制に反発し、お願いとは逆のアクションを起こすのです。

この反応は子どもたちに限ったことではありません。

わたしたちの脳は1つのことに縛られ、思考が制限されるのを嫌います。ですから、「○○禁止!」「○○しなさい!」などの強制や命令には、その内容が正しい、正しくないとは関係なく、無意識のうちに反発を覚えるのです。

たとえば、わたしのクライアントに「心理的リアクタンス」をよく知り、子育てに生かした女性がいます。彼女の3人のお子さんは全員、一流大学に現役合格。そう聞くと、お母さんも高学歴で、小さなころから子どもたちの勉強を見て、教えているような教育熱心

な母親像をイメージするかもしれません。

しかし、クライアントの女性は高学歴ではありませんでしたし、口癖のように子どもたちに言っていた言葉が「勉強ばっかりしたら、アホになるから勉強するな」でした。

そもそも彼女は「勉強しなさい」と言ったことがないのです。しかし、お子さんたちは、学校から帰ってくると自主的に机に向かうことが多かったそうです。それは何かを学び、新しいことを知るのが楽しいからでした。

お母さんから「アホになるから勉強するな」と言われるたび、「心理的リアクタンス」が働き、ますます机に向かっていたのでしょう。じつはその気もち、わたしもよくわかります。というのも、わたしも親から一度も「勉強をしなさい」と言われたことがなかったからです。

わたしは親から、人に迷惑をかけること以外は好きなことを制限なくさせてもらえる環境で過ごしました。砂山をつくって遊んだり、鬼ごっこをしたり、山や川に大好きな生きものをとりにいったり、マンガのストーリーを勝手に自分で想像して描いたり、星を見たり、とにかく、ずっと好きなことで遊んでいる子でした（でも人に迷惑をかけたときは、怖いほど怒られました）。宿題くらいはやりますが、家で勉強することはほとんどなく、遊んでばかりでした。みんなと一緒でも、1人でもずっと遊ぶことができました。

いま思うと興味をもったことを通して、いろいろなものごとのしくみを学んでいたのかもしれません。学校の勉強も、遊びの延長線のような感じでした。理科の時間は自然と触れ合えますし、算数はパズルのようでしたし、国語は物語を読めてうれしかったです。社会もテレビの教育番組を見ているような感覚でした。

ですから、子どものころから「勉強が嫌い」という人がいると、素直に「不思議だな」と思っていました。そこで、**「子どものころ勉強が嫌いだった」という人に話を聞くと、だいたいが両親から「勉強しなさい」「宿題したの？」と言われ続けて育ったというケースがほとんど**だったのです。

強制されるとやりたくなくなる……。まさに「心理的リアクタンス」の働きでした。

音楽家の家庭で、厳しいピアノ教育を受けた長女は音楽が嫌いになってしまった一方、何も教育を受けなかった次女のほうが、天才的に音楽を演奏するようになったという話も聞いたことがあります。

メールでも「心理的リアクタンス」には注意！

たとえば、あなたが友人からこんなメールをもらったと想像してみてください。

A：新しいサービスをはじめました。お得な特典もあります。

B：新しいサービスをはじめました。お得な特典もあります。いますぐ登録してください！

AとBは内容的には同じですが、じつはBのほうがメールの返信率が下がることが、以前わたしが行なった調査でもわかっています。

新しいサービスをはじめたとき、受けてほしいという気もちが強いあまりに、つい「登録してください！」と言いたくなってしまいますが、このような表現は「心理的リアクタンス」が働くため、逆に登録したいと思えなくなってしまいます。

メールやSNSなどでも、人に紹介する場合はぜひ気をつけてください。

自分で決めて行動することが「心理的リアクタンス」の働きをやわらげる

わたしも以前何度も体験しましたが、社会人になると「心理的リアクタンス」の働きに悩む場面に遭遇します。強制されて、やりたくないけど、仕事だからやらなくちゃいけない……。そんなシチュエーションです。

こうした場面では、2つの選択肢をつくってどちらかを選ぶ形にすることで、状況を改善することができます。

たとえば、上司から急に残業をお願いされたとします。お願いの形にはなっているとはいえ、こちらに拒否権のない状況です。当然、「心理的リアクタンス」が働き、やる気は急降下します。

そこで、残業をしてみるという前提に立って、自分にこんな質問をしてみます。

「最低限の必要な範囲の仕事を片づける」
「上司を驚かせるくらいの作業スピードで一気に片づける」

「2つのどちらを選びたい？」

不思議なもので、どちらかを選ぶと（どちらを選んだとしても）仕事へのやる気がアップします。なぜなら、**わたしたちは自己決定することで、ドーパミンが分泌されるから**です。その結果、選択した行動へのやる気を高めてくれます。

つまり、「心理的リアクタンス」対策としては、自分で選択肢をつくって選ぶこと。これからとり組むことに自分なりの目的を見いだすことが役立ちます。

これは裏返すと、あなたが部下や子どもに何かを強制しなければならないときにも使えます。

単なる「〇〇してください！」「〇〇しなさい！」ではなく、そのあとに2つのなかから選択してもらいます。すると「心理的リアクタンス」の働きをやわらげることができるようになります。

認知バイアスを味方につけるコツ

強制されたら行なう前提で選択肢を用意。お願いするときは選択肢を用意して選んでもらう

12 くり返し見ているうちにだんだん好きになるのはなぜ？

関連するバイアス――「単純接触効果」「ザイアンス効果」

- はじめて目にしたときは、「苦手だな……」と思ったアイドルグループ。でも、CMや街頭のポスター、SNSなどで何度も見かけるうち、いまではファンに
- 第一印象があまりよくなかった取引先の人。何度か仕事で続けて会ううち、やさしいところが伝わってきて、好印象に

こうした印象の変化を引き起こしているのは、**「単純接触効果（Mere-exposure effect）」**と呼ばれる認知バイアス。[*40] アメリカの心理学者ロバート・ザイアンスが発見した現象で、**「ザイアンス効果」**とも言われます。これは83ページで解説した**「自己ハーディング」**の一種。わたしたちの脳は何度も同じ情報に触れると、それが自分にとって重

要なもの、大切なものと認識するようになるのです。

たとえば、学生時代を思い出してみてください。性格の合う／合わないはあっても1年間同じ教室で過ごした同級生に対して、なんとなく仲間意識や連帯感をもつようになりませんでしたか？　この心理もこの認知バイアスの働きによるものです。

人間関係において第一印象の影響は大きいですが、もし失礼な態度をとってしくじってしまっても、そのあとにくり返し会う機会があれば、挽回できる可能性があります。ただし、次に会ったときに相手を怒らせるような言動をしてしまったら、「単純接触効果」は働きません。また、第一印象も10段階評価で5以上のほうが早く「単純接触効果」が力を発揮してくれます。つまり、第一印象はいいに越したことはないということです。

ちなみに「単純接触効果」は対人関係だけでなく、商品やサービスに対しても働きます。チラシを何度も見ることで特定の商品への購買欲が刺激されたり、ダイレクトメールをくり返し受けとるうちにその情報に価値があるように感じたり、これもその一例です。

認知バイアスを味方につけるコツ

気になる人と仲よくなりたいとき、商品を世の中に広めたいとき、何度も接触することを意識してみる

13

人のことを自分より上か下に優劣をつけて見てしまうのはなぜ？

関連するバイアス――「比較バイアス」「自己中心性バイアス」「エリート効果」

「人はみな平等」とは言うものの、ついついわたしたちは心のなかで上下のランクづけをしてしまうものです。たとえば……

あいつは営業成績こそ上げているけど、性格が悪いから俺より下。

彼女は服のセンスもいいし、勉強もできるから、確実にわたしより上。

友人の実家が裕福だと知ってから、わたしより上の人と思ってしまう……など。

また、タワーマンションでは資産価値が高いとされる上層階に住んでいる住人のほうが、下の階の人に対して優越感を覚えたり、威張るような態度をとるとも言われます。

このように、つい自分と誰かを比べて考えてしまうのは、1時限目で伝えた**「比較バイ**

アス（コントラスト効果）」という認知バイアスの働きです。AとBと自分。本来、比べなくてもいいところにもの差しを当てて、比較してしまいます。

そして、この比較をさらに悪化させるのが**「自己中心性バイアス（Egocentric bias）」**です。[*41]

「自己中心性バイアス」は、**他者の視点ではなく自分の視点からしか見られない傾向**のこと。事実を自分の都合がよいように解釈してしまう認知バイアスです。この「自己中心性バイアス」は未発達の幼い子どもに多く見られますが、成長とともに弱まっていきます。

しかし、**幼いときに「自尊心」が十分に満たされなかった人は、大人になってもこの「自己中心性バイアス」が残っていることが多々ある**のです。

このバイアスがあると、たとえば、過去にとったテストの点数を実際の点数よりも高く見積もったり、釣った魚が人よりも大きく見えたり、同じ仕事をしても自分はあの人よりも貢献したと主張したり、武勇伝をやたら話したがる中年になったりします。

また女性よりも男性のほうが自分の視点を中心に考えやすく、「自己中心性バイアス」

が強いという報告もあります。[*42]

また**「自己中心性バイアス」が強く働くと、相手への嫉妬心、攻撃心まで高まっていきます。**

というのも、わたしたちは誰もが自分のことを重要な存在だと思いたい生きものだからです。この自己重要感を満たすために、下に見た相手を攻撃したり、上にいる相手の過失を見つけて引きずり落とそうとします。

店員さんに横柄な態度をとったり、芸能人のスキャンダルを炎上させるようなコメントをネットに書き込んだり……。こうした人たちも同じような現象です。

さらに、自分の地位が高くなっていくと**「エリート効果」**というバイアスが働くため、公平性より効率化を重視するようになり、不平等に寛容になってしまいます。

たとえば、海外で行なわれた研究では、高級車に乗っている人ほど、交差点で人が立っていても止まってくれる確率が下がってしまったそうです。[*43]

「自己中心性バイアスをとり除く」とっておきの方法

「自己中心性バイアス」があると、「比較バイアス」が強く働いてしまうため、人を上下で判断することになってしまいます。

この認知バイアスを弱めるためには、どうすればよいのでしょうか？

そのためには、自分ではなく人の目線で考えることが重要です。一度は相手の靴をはいてみるという考え方です。

おすすめは、「わたしは〇〇だと思う」と言うのではなく、「尊敬する人だったら、〇〇だと思う」と言ってみることです。言葉とは不思議なもので、**主語をほかの人に変えるだけで、認知が相手視点に**変わってしまいます。

そして、**もう1つの方法が「いろいろな人の考え方を知ること」**です。面白い研究があって、バイリンガルの人などいろいろな文化に触れた人は「自己中心性バイアス」が減少するという報告があります。[*44] **文化を超えていろいろな人の考えを理解することで、自分の世界観が広がり、他者の視点に立ちやすくなる**と言われています。

わたし自身も以前、「比較バイアス」と「自己中心性バイアス」に支配されていた時期がありました。競争社会のなかで、まわりを蹴落としてでも地位と成果を得ようと思っていました。いい大学を出て、たくさん稼いで、まわりよりも上に行こう、と。ただそういう生活は気もちのよいものではありません。成果は出ても、また上を目指し、新しい成果が出たら、また目標を立てる。果てしのないゲームをしている感覚でした。

達成したとき一瞬はいい気もちになりますが、その気もちは長続きせず、また上を目指すような毎日。そんなとき、わたしはある人をテレビで目にしたのです。

それが、ハリウッド俳優のマシュー・マコノヒーさんでした。彼が映画「ダラス・バイヤーズクラブ」でアカデミー賞を受賞した際のちょうどスピーチのときでした。マコノヒーさんが演じたのは、余命30日と宣告された主人公のエイズ患者。21キロもの減量に挑み、見事、アカデミー賞主演男優賞を受賞します。
そのトロフィーを授与されたあと、マコノヒーさんはこうスピーチしたのです。

過去の自分と比べて、いまの自分・未来の自分はどうか？

マコノヒーさんは、ずっと昔から追い求めていたヒーローがいるというのです。それは「10年後の自分」。15歳のときから彼は10年後の自分を追い求めて、近づこうと努力してきたそうです。つまり毎日、毎週、毎月、毎年、ヒーローは10年後にいて、追いつくことができない存在。そして、その10年後の姿をずっと追い求め努力してきた結果、マコノヒーさんはあの授賞式の壇上に立つことができたのです。

感動しました。

比較するのは他人や周囲からの評価ではなく、10年後の未来の自分。比較するものを変えるだけで、こんなにも自分に対する考え方が変わるんだと心から気づけた瞬間でした。

わたしはそのとき、新しく素晴らしい考え方に触れることで、「自己中心性バイアス」がなくなってしまったのです。もちろん、完全ではありませんが、バイアスが崩壊する大きなきっかけになったことは事実です。

そして、ビジネスからスポーツ、恋愛までさまざまな分野でうまくいく人たちの研究を通して、わたし自身が一番変わったように思います。人と比較するよりも、自分を成長させて人のために尽くそうとする考え方に触れることができたからです。

誰かとの比較では、わたしたちは幸せになれません。

過去の自分と比べ、いまの自分はどうか？

ここから先の未来の自分はどうなっていくか？

その変化と成長に目を向けることで、「比較バイアス」や「自己中心性バイアス」の過剰な働きから自由になることができます。

認知バイアスを味方につけるコツ

人と比べてしまう自分に気づいたら、視点を変えて、過去の自分・未来の自分と比べてみる

14

100の「いいね」をもらっても1つの批判で落ち込むのなぜ？

関連するバイアス――「ネガティビティバイアス」「悲観主義バイアス」

「いつも大事なところで失敗する」
「最初からダメなパターンを想像してしまう」
「ネガティブなコメントがつくと、どんなに『いいね』が多くても落ち込む」

あなたのまわりにもマイナス発言が多めのネガティブな人はいませんか？　近くで見ていると、「別に失敗していないのに」「まあまあうまくいっているのに」「フォロワーがたくさんいてうらやましいくらいなのに」という印象なのに、本人はつねに後ろ向き。

SNSで100の「いいね」をもらっても、1つの批判コメントがあるだけで、「やっぱり自分はダメなんだ」と落ち込んでしまいます。こうしたネガティブさんの心理に働き

かけているのは、**「ネガティビティバイアス（Negativity bias）」**です。＊45

下記の図を見てください。

この図を見て、どの部分が気になるでしょうか？　多くの人は右の円の欠けている部分が気になってしまいます。もし**欠けた部分が気になる場合は、「ネガティビティバイアス」が働いている証拠**です。

このバイアスは、1時限目で述べた**「注目バイアス」**のなかでもマイナスなものにフォーカスする脳のクセです。

わたしたち人類は、太古の昔から自然災害や敵対する部族の襲撃、危険な動物との遭遇、疫病やケガなど、たくさんの脅威にさらされて生きてきました。

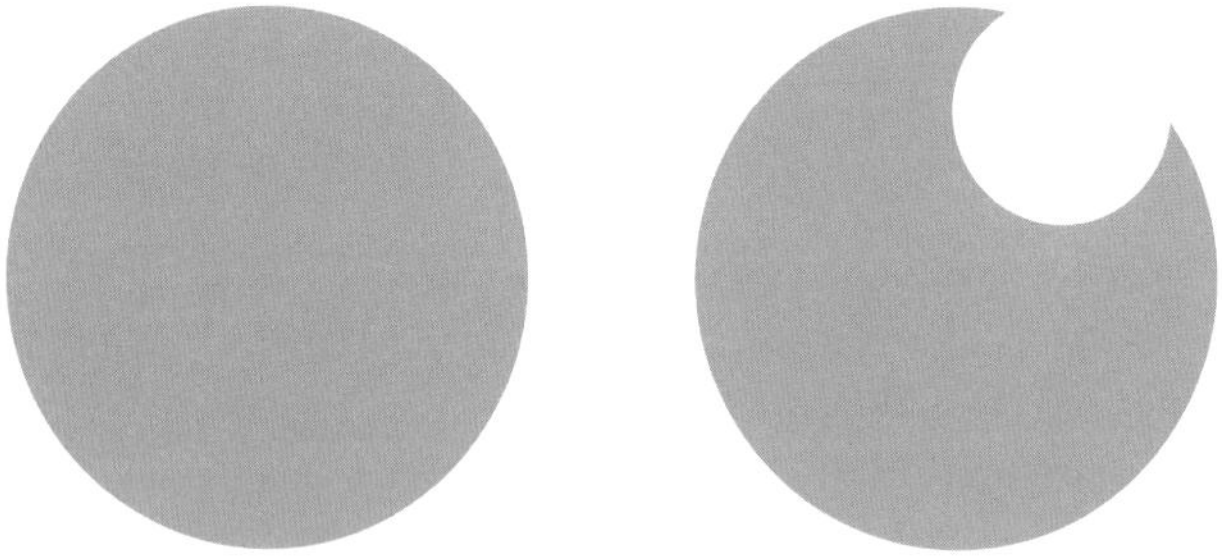

マイナスなことに注目してそれを乗り越えなければ、生き延びることができませんでした。だからこそ、わたしたちはこのようなマイナスなものにもフォーカスする力を獲得してきたと言われています。[*46]

また、**明るいニュースよりも暗いニュースのほうが印象に残ったり、よい話よりも悪い話のほうが広まりやすいということがありますが、これらはすべて「ネガティビティバイアス」のしわざです**。[*47]

たとえば、２０２０年にコロナウイルスが日本に広がったとき、突然、「東京が封鎖される」というメッセージが知り合いから届きました。信頼している人だったので、わたしも思わずソースを確認せずに、すぐに大切な人だけに伝えてしまいましたが、これがたとえば「東京にコロナウイルスを撲滅するための新しいシステムが導入された」というニュースだったら、人に伝えるでしょうか？

これはＳＮＳも同じで、よいニュースよりも悪いニュースのほうが拡散されやすいということがわかっています。そして、それが2時限目に伝えた**「要約効果」**によって、悪い部分が人を介してより増幅されるため、怒りや負の感情が広まっていくのです。

そういった意味で、SNSの情報は注意して冷静に見ることが大切です。また、**「ネガティビティバイアス」が強い人ほど、政治の世界では保守派になりやすい**ことも報告されています。[*48]

そして、この**「ネガティビティバイアス」**をもとに**「作話」**までしてしまうのが、**「悲観主義バイアス（Pessimism bias）」**です。[*49]この認知バイアスは、自分の未来の可能性を過小評価して、過去のマイナスな出来事を過剰評価（大きく）する妄想を、脳のなかにつくり出します。

たとえば、失敗する可能性を過大評価して、新しいことにチャレンジしない。宝くじを「買ってもどうせ当たらない。お金がもったいない」と思って買わない。明らかにブラックな環境の職場にいて毎日つらいのに「転職しても、どうせ変わらないだろう」とあきらめてしまう……これらは「悲観主義バイアス」が強い人の傾向です。

本来は「やってみないとわからない」「やってみたら、よくなるかもしれない」のに、悲観的に将来や未来を想像してしまいます。また「過去にこういうダメなことがあったし、いまもうまくいっていないし、この先もきっと変わらないだろう」と、過去のマイナスな情報を大きくとらえて、そのまま**マイナスを未来にも投影することで、自分の行動にブレーキをかけてしまうのも、「悲観主義バイアス」が強い人たちの特徴**です。

ちなみに、西洋人（ヨーロッパ系アメリカ人）は日本人と比べて、「悲観主義バイアス」が少なく、自分に起こるポジティブな出来事を期待する傾向が強いことも報告されています。[*50] 西洋では、まわりを気にせず個人を大切にする個人主義が文化としてありますが、それは「悲観主義バイアス」が少ないためだとも言われています。認知バイアスは文化すらつくるのです。また、「悲観主義バイアス」は女性に多いことも報告されています。[*49]

「楽観主義バイアス」を味方につける

わたしたちは往々にしてマイナスなことにフォーカスしてしまうことがありますが、そんなときどうすればいいのでしょうか？

そのヒントの1つが「悲観主義バイアス」の対極にある**「楽観主義バイアス（Optimism bias）」**にあります。[*51]

世の中にはものごとを楽観的に見る人がいますが、じつはどんな人にもこの「楽観主義バイアス」が少なからずそなわっていることがわかっています。

たとえば、わたしたちは平均寿命よりも長生きしたいと思いますが、ほとんどの人が実際以上に長生きできるだろうと思うようです。また、結婚しても自分だけは離婚しないだろうと思ったり、投資でも自分は大丈夫だろうと思ってしまう傾向があることが報告されています。

つまり、わたしたちには悲観的になる分野もあれば、楽観的に考えてしまう分野もあります。自分に関係ないどうでもよいことについては、プラスに楽観的にものごとを見ていることもあるようです。ということは、**わたしたちはもともと潜在的にプラスに見られる能力をもっている**ことを意味しています。

それでは、楽観的に考えられるようになるにはどうすればいいのでしょうか？　じつはそのために役立つ素晴らしい法則がわかってきました。

それは「**わたしたちはものごとがある程度コントロールできる状況にいるときに、楽観主義バイアスが強まる**」ということです。[*52]

たとえば、車に乗ったときに、いきなり知らない人が運転席に乗ってきて運転されたら、どんな気もちになるでしょうか？　かなり怖いと思います。もしかしたら、事故に遭うかもしれません。でも、自分で運転席に座って運転できたらどうでしょうか。自分で運転できる安心感から、事故は起きないだろうと思います。つまり、自分でコントロールできる状態にすることが、「楽観主義バイアス」を強めるのです。

また、**実際にコントロールできない環境でも、コントロールできると思い込むことで「楽観主義バイアス」を高められる**こともわかっています。*53

このとき、楽観主義の人がよく使っている言葉が「かも」という言葉です。「成功するかも」「当選するかも」「できるかも」「選ばれるかも」など、実際にコントロールできなくても、思い込むことでこの「楽観主義バイアス」を高めることができます。

うまくいく理由をひと言で表現してみる

「ネガティビティバイアス」や「悲観主義バイアス」の働きをやわらげたいとき、もう1つ役立つ対処法があります。

それは、**うまくいく理由を抽象的な表現で書いてみること**です。

具体的にどんなふうに書くといいかについて解説する前に、オハイオ州立大学の研究で行なわれた興味深い実験を紹介したいと思います。

この実験では、学生にスピーチをしてもらい、全員を「素晴らしい！」とほめました。そして、その後、2つのグループに分けて、以下の課題を出しました。

①どのようにプレゼンを組み立てたのか詳細を説明してもらう
②「わたしは、スピーチをうまくやりとげた。なぜなら（　　　）だからだ」という文章の空欄に入る言葉を埋めてもらう

そして、それぞれのグループでもう一度スピーチを行なってもらい、どのくらい自信をもって臨《のぞ》めたかを調べました。

その結果、なんと②のグループのほうがより自信をもって臨めたうえ、スピーチもうまくなったのです。一見すると、作業プロセスを詳細に考えた①のグループのほうが、自信をもてそうです。しかし、実際は②の学生たちのスピーチの質のほうが向上しました。

わたしたちは、プラスになりたいとき、詳細を考えるよりも、あいまいに考えたほうが、自分の能力をプラスにとらえやすく、意識が楽観的になりやすくなるようです。これ

を専門用語で「直接的抽象化（Directed abstraction）」と言います。つまり、**うまくいく理由をあいまいに考えたほうが楽観的になりやすくなる**ことを意味しています。[*54]

この方法は日常生活にも応用できます。

たとえば、「100の『いいね』がもらえたのは、『〇〇だからできました』」と考えて書き出してみる。あるいは、「仕事がうまくいったのは、自分が『〇〇』だから」と書いてみる。

このようにあいまいに考えて書き出してみると、不思議とあなたのもっている能力のポジティブな面に注意が向きやすくなります。

また、こうした書く習慣を身につけていくうちに、思考のクセも改善される効果が期待できます。書くというアウトプットは、脳にそれだけ負荷をかけることになるため、続けることで思考を変化させることにつながったりもするからです。

認知バイアスを味方につけるコツ

「〇〇ができたのは、〇〇だから」とうまくいく理由をあいまいに考えてみる

15 なぜ、期待されてやる気が出る人とそうでない人がいるの？

関連するバイアス――「ピグマリオン効果」「ローゼンタール効果」「ゴーレム効果」

あなたは**「ピグマリオン効果（Pygmalion effect）」**というものを聞いたことがあるでしょうか？　「人からの期待を受けると、期待された人がその通りになってしまう」という教育の分野で発見された現象です。*55

ピグマリオンとは、もともとギリシャ神話に登場する王さまの名前。物語では、彼がつくった理想の女性の彫刻を愛した結果、その願いが叶い、その彫刻が本当の人間になったことから、「ピグマリオン効果」と呼ばれています。

有名なのは、農家の生まれにもかかわらず、一代で天下を統一した豊臣秀吉の話でしょう。秀吉は子どものころから、母親に「あなたは特別な子なんだよ」と言われていたそうですが、それがいつしか本当に天下を統一する特別な存在になりました。

この認知バイアスは、アメリカの教育心理学者ロバート・ローゼンタールが提唱したことから**「ローゼンタール効果」**と紹介されることもあります。

期待とやる気は釣り鐘のような関係

ただ、この「ピグマリオン効果」、期待すれば絶対に全員が期待に応えようとするかというと、決してそうではありません。わたしも教育やビジネスの現場でよく見てきましたが、なかには期待そのものが逆効果になってしまい、やる気を失う人もいました。

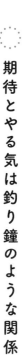

同じ期待をかけているはずなのに、なぜ、人によってこのような違いが生まれるのでしょうか？　その**理由の1つは、「期待をかけられた本人がその期待をどのくらい実現できる可能性があるのか？」**にあります。

たとえば、あなたが上司から「このイベントで人を集められるのは君しかいない」と期待されたとします。そのとき、自分が集められる人数は100人なのに、もし5000人を集めなければいけないイベントだったら、どうでしょうか？　自分の実力から大きくかけはなれており、実現可能性はほぼ0（ゼロ）になります。**途方もなく大きなことは脳にとって恐怖**と感じるため、一般的にわたしたちはその期待に押しつぶされそうな状態になります。

一方でそのイベントが10人集めるだけだったら、どうでしょうか？ 自分が集められる能力は100人ですから、目を閉じていても簡単にできます。すると、自分の能力以下のことはたいしたことではないため、人に期待されてもモチベーションは高まりません。

つまり、**絶対に実現できること（実現可能性が100パーセント）、絶対に実現できないこと（実現可能性0パーセント）を期待されても、やる気は出ない**のです。

実際に、ハーバード大学のデイビッド・C・マクレランド教授とミシガン大学のジョン・W・アトキンソン教授によると、成功の見込みが0パーセントのときと100パーセントのときにモチベーションはもっとも下がり0となりますが、成功の見込みが50パーセントになると、釣り鐘の形のようにやる気が上がっていくそうです。もともと、モチベーションが高いところを、さらに期待されると、もっとやる気が上がるのです。[*56]

これが「ピグマリオン効果」の真実です。期待されても、やる気が出る人とそうでない人の違いは、その人の実現可能性にあったのです。

今回の例のイベントのケースで考えれば、100名集めるのが限界だとすると、100名集めることが、実現できる可能性もあるしできない可能性もあることになり、このとき実現可能性が50パーセントになると仮定します。すると、「君だったら、きっと100名集められるよ」と期待されると、その期待に応えようとするのです。

つまり、**期待をかけるときは、相手がその期待をどのくらい実現可能かを伝える側が見極めることが必要**になります。

相手の状態を見極められる人が人を動かす

長年つき合っている人やよく知っている相手であれば、経験的にこれくらいならできるだろうと実現可能性を予測できます。しかし、会って間もなかったり、相手のことをよく知らない場合は、どうすればいいのでしょうか？

大切なのは期待を押しつけるよりも、まず、相手に聞いてみることです。

たとえば、スポーツの世界で考えると『トライアスロンのタイムを縮めてほしい』という期待をかけるとします。もし、そのタイムが10分縮めることだったら、「ちなみに実現できる自信は10点満点で何点くらい?」と聞いてみます。

そのとき、『10点』と言われたら高すぎますし、『2点』なら低すぎます。そういうときは、「実現できる自信が5点くらいになるタイムがあるとしたら、どれくらいかな?」と聞いてみます（人によっては、適切な点数が6～7点の人もいます）。

すると、「6分くらい!」と答えるかもしれません。その答えが、その人にとっての期待をかけるべきゴールということになりま

す。こうした対話を通して、相手が期待に応えやすい目標を設定することができます。わたしたちはできるかできないかギリギリのラインのときに期待されると、それを実現しようというモチベーションが高まりやすくなるのです。

ちなみに、「ピグマリオン効果」の逆は「ゴーレム効果（Golem effect）」と言います。これは、マイナス面ばかりを指摘してしまうと、本当にマイナスなイメージの通りの人になってしまうという認知バイアスです。[*57]

とくにプラスよりもマイナスなことにフォーカスする「ネガティビティバイアス」や「悲観主義バイアス」が強い人は、「ゴーレム効果」を受けやすい傾向があります。人にアドバイスするときは、問題点を指摘するよりも、改善点（こうしたら、もっとよくなる）を伝えるようにしてみてください。

認知バイアスを味方につけるコツ

実現可能性が50〜70パーセントくらいの期待をかけてみる

16

なぜ、根拠のない自信は強いのか？

関連するバイアス――「感覚的なお告げ効果」「直感バイアス」

あなたは、理論派と感覚派だったら、どちらのほうでしょうか？

わたしは理論派！　絶対に感覚派！　もしくは自分は両方！　など、いろいろなパターンがあるかもしれません。理論と感覚はどちらが優れているのか？　古くはソクラテスの時代から議論されてきた人類の永遠のテーマの1つですが、21世紀に入って、コロンビア大学で面白い研究が行なわれました。

アメリカンアイドルという米国で人気のオーディション番組があるのですが、視聴者を理性で考えるグループと、感覚で決めるグループに分け、誰が最後に優勝するか予想してもらうという実験です。[*58]

その結果、理性で考える人（感覚を信じない人）の的中率は21パーセントだったのに対し、感覚を信じる人はなんと的中率が41パーセントにもなったのです。

これは**「感覚的なお告げ効果（Emotional oracle effect）」**と名づけられました。わたしはこれを**「直感バイアス」**と呼んでいます。

たとえば、この「直感バイアス」は将棋の世界でも見られます。将棋で次の一手を打つとき、通常は論理的に相手の出てくる戦法を考えるのが一般的です。しかし、将棋のプロ棋士のなかでも名人と呼ばれる人たちほど、考えるよりも最初にこれだと思える一手がまず直感で出てくるそうです。

またサッカーの世界でもスーパープレイのような通常ありえないシュートを打つ瞬間がありますが、このとき、頭で考えてプレイしていたら間に合いません。まず頭で考えるより先に体が動いていたという人がほとんどです。

優れた経営者ほど、論理だけでなくときとして直感を信じる傾向が強いのですが、ほかの研究でも、理性だけで考えると、判断を誤ってしまうことが報告されています。

わたしたちは論理ではなく、感覚でものごとを選択するとき、脳内では「大脳基底核」という部位が発火していることがわかってきています。[*59]

大脳基底核は、原始脳のなかの奥深くに位置する、もともと運動の記憶を保存している部分です。たとえば、わたしたちがまだ小さい子どものころは、ボールを投げてもうまくキャッチできません。しかし、何度もボールを投げているうちに、だいたいこの辺に落ちるのかなということを学習していきます。じつは大脳基底核は、そのような運動の記憶を保存する場所として考えられています。

そして、この大脳基底核は、直感をつくり出している場所でもあることが近年わかってきています。先ほど、将棋の名人ほど次の一手が感覚で出てくると述べましたが、そのときに大脳基底核が発火します。一方で、アマチュアの棋士の大脳基底核は活性化していなかったそうです（プロ棋士28名とアマチュア棋士34名の脳の状態をｆＭＲＩでスキャンした結果、プロ棋士ほど大脳基底核が発火していました）。

ここで面白いのは、名人と呼ばれる人たちも昔は頭で考えていたということです。しかし、対局を通していろいろな戦法を経験するうちに、なぜか最初にこれだという一手が出てくるようになったと言います。

大脳基底核には、これまで本人が経験してきたこと、蓄積してきた知識が保存されていて、その膨大な情報のなかから最適な答えを見つけるという機能が、じつはそなわってい

るからです。そのため、理論的に思考するよりも早く最適な手を見つけ出し、対局の流れを読みとることができるのです。

「根拠のない自信」の根底にあるのは、過去の経験や知識

こうした「直感バイアス」は、一流選手や将棋の名人でなくとも、日常的に体感しています。

たとえば、はじめて会った人で、話す言葉はいいことを言っているのに、「この人は、なんか怪しい」と思ったことはないでしょうか。実際にあとになって人に話を聞いてみると、ウソを平気でつく人で評判が悪い人だったという体験もあるかもしれません。

これは、**脳が、過去に出会った人たちの情報を覚えていて、データベースから「こういう特徴をもっている人はウソをついたり、だます人が多い」という正しい情報を検索してくれるため**です。ですから、たくさんの人と会った経験のない子どもは人を正しく判断することができません。

「あの人は、仲よくなれそう」と感じるときも、それはわたしたち1人ひとりの経験の蓄

積から下された認知。「直感バイアス」と言えるものです。

ただし、ここで注意すべきことがあります。それが「直感バイアス」を尊重しすぎて、**あまりにも自分の感覚を100パーセント信じてしまうと、逆に誤った判断をしてしまうことがある**ことです。なぜなら、直感には大きく2種類あって、本当の直感と、自分をだましてしまう誤った直感があるからです。

たとえば、以前Aさんに誘われたパーティがビジネスの勧誘目的で嫌な思いをしたとします。そして、今回はBさんにパーティに誘われました。すると、Aさんの経験があるので、今回もだまされるんじゃないかと感じてしまいます。結果パーティに行かないという選択をします。

でも、ここでよく考えていただきたいのは、AさんとBさんはまったく違う人だということです。Aさんがパーティに誘ってきたらもちろん行かないほうがいいですが、Bさんが誘ってきたパーティなら、何か大きなビジネスや新しい出会いのチャンスがあったかもしれません。

ここで大切なのは、この2つの直感を区別する必要があることです。どうすれば、この2つを区別できるのでしょうか。そのために、**うまくいく人たちがよくやっている習慣**があります。

それが**「必ず一度はやってみる」という習慣**です。

たとえば、Bさんから誘われたとき一瞬「めんどくさいな」と感じても、とりあえず一度は行ってみます。すると、2種類の結果が待っています。それは、本当に行かないほうがよかったという結果。そして、意外と行ってよかったと思える結果です。

あなたにも最初は面倒だと思って行ったけど、行ってみたら意外と楽しかったという経験はないでしょうか？　それと同じように、行ってみなければわかりません。そして行かないほうがよければ、二度と行かなければいいのです。

こういった経験を通して、いつしかこの2種類の直感を見分けることができるようになっていきます。そういった意味では、1時限目で述べた**「内観幻想」**（自分の感覚が正しいと思ってしまう認知バイアス）は、まさに本当の直感ではなく、過去の自分の考え方や体験に基づいた誤った直感（幻想）だと言ってもいいでしょう。

認知バイアスを味方につけるコツ

ときには直感を信じてみる。本当の直感を身につけるために一度はやってみる

17 なぜ、同窓会の思い出話は楽しいのか？

関連するバイアス――「レミニセンス・バンプ」「バラ色の回顧」「凋落主義」

最初に次ページのグラフを見てください。

このグラフは横軸が年齢で、縦軸が鮮明に覚えている自伝的記憶の数です。自伝的記憶とは、わたしたちが経験してきた出来事に関する記憶。つまり、1人ひとりがもっているプライベートの印象的な思い出です。

じつは、この自伝的記憶のグラフには、次の3つの認知バイアスが影響を与えています。[*60]

① 最近の出来事は思い出しやすい「**新近効果**（Recency effect）」

② 小さいころの記憶は消えがちになる「**幼児健忘**（Childhood amnesia）」

10代から20代の出来事は強く記憶に残る

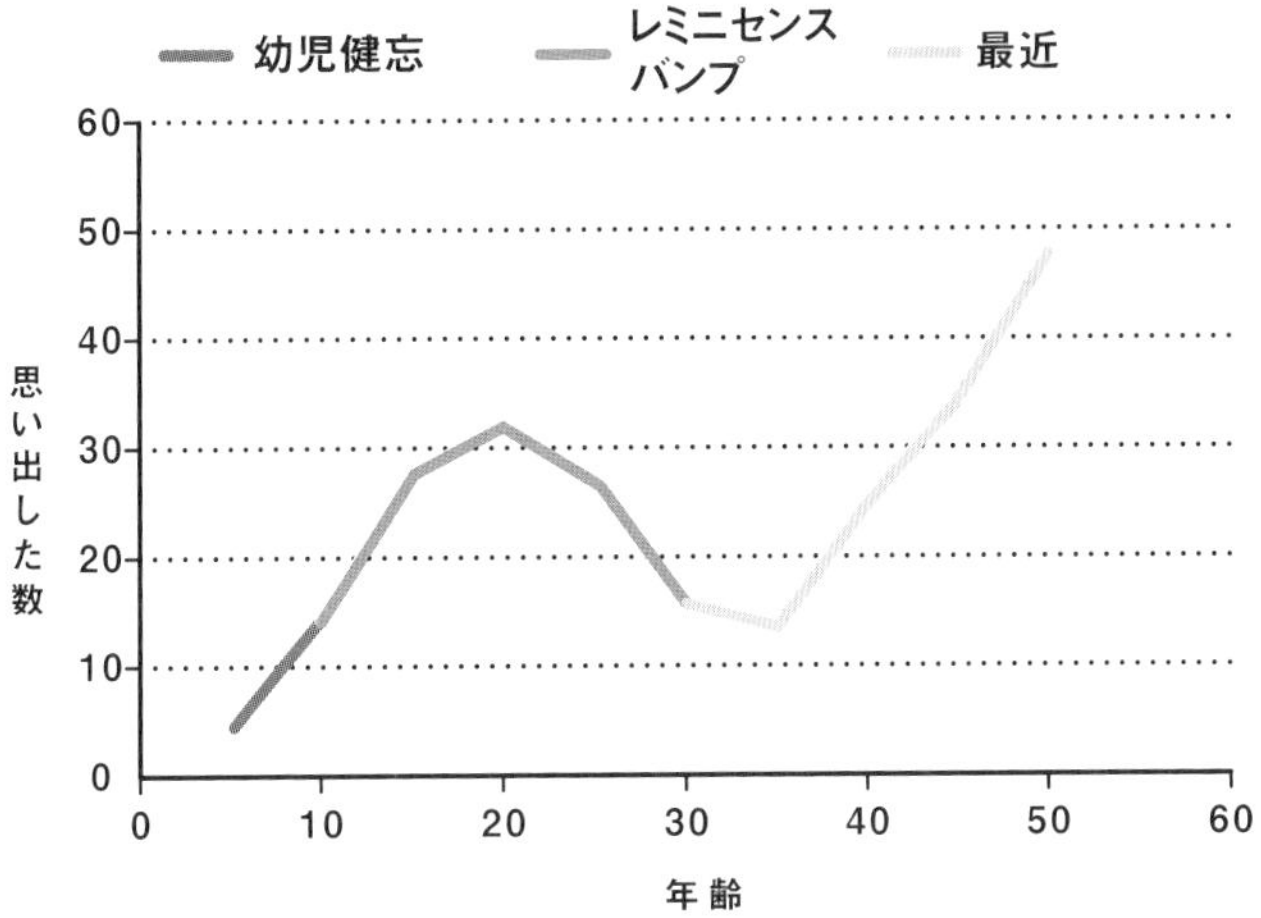

③　10代から20代の出来事は強く記憶に残る「レミニセンス・バンプ（Reminiscence bump）」

最近あった出来事のほうが思い出しやすい①の「新近効果」は、体感的にも納得しやすいですよね。[*61]

続いて②の「幼児健忘」は、3〜4歳くらいまでの自伝的記憶は思い出せないことが多い傾向。もちろん、まれに2歳くらいからの記憶を鮮明に覚えている人もいますが、これはレアケースでしょう。

自分に起きた出来事を「あのとき、○○があって、△△して、□□だった」とストーリーのある記憶として残せるのは幼児期を過ぎたあとからです。

そして、「なぜ、同窓会での昔話は楽しいのか?」に深くかかわっているのが、③の「レミニセンス・バンプ」です。ちなみに、レミニセンスは追憶や回想、バンプは瘤《こぶ》という意味。グラフの通り、10代から20代半ばを頂点に30代前半までの突起部分が「レミニセンス・バンプ」と呼ばれています。

日本で言えば、中学、高校、大学生時代から社会に出はじめ、ある程度、一人前になっていく期間です。この時期の自伝的記憶ははっきりと残り、いつでも思い出せる印象深いものとなります。そして、その傾向は60代、70代と年齢を重ねるほど、「わたしの若いころは……」というフレーズで語られるように強くなっていきます。

「レミニセンス・バンプ」が働く要因は、10代から30代における出来事は「自分とは何か」というアイデンティティの形成にかかわることが多いためだと言われています。

つまり、いまのわたしやあなたの中核をつくり上げた重要なイベントが、いくつもあったからこそ、あのころの自伝的記憶は記憶に残りやすく、思い出すことで気もちが高揚するのです。

あのころの宝物のような記憶を大切にいまを生きる

別の実験では「夏」「冬」などのキーワードを見せ、「生まれてから現在までの出来事で思い出したことを書き出してください」と質問したところ、ほとんどの人が「レミニセンス・バンプ」の間に起きた夏の思い出、冬の思い出を書き出しました。

実際、はじめての海外旅行、仲間とのスキー旅行、恋人と行った夏祭り、真冬の出張先でのハプニングなど、わたしにもあなたにもストーリーとして思い出し、ワクワクした気もちになる自伝的記憶があるはずです。

また、音楽の趣味に関する興味深い研究報告もあります。

それは**「音楽は24歳前後に聴いていた曲を一番覚えている」**というもの。[*62] 多くの人はその後もその曲調に似た曲を好んで聴くようです。

ですから、**学生時代や社会人同期の同窓会で当時のヒット曲をカラオケで歌うと、みんなの幸福度が上がります。**音楽には記憶を想起させる効果があるので、1人ひとりがその曲にまつわる思い出を呼び起こし、幸せな気もちになれるのです。

いずれにしろ、わたしたちには過去を現在よりもよいものとして思い出す傾向がありま す。これは「**バラ色の回顧**（**Rosy retrospection**）」と呼ばれる認知バイアスの働きです。[*63]

このバイアスは年齢を重ねるほど強くなり、まるでバラ色のメガネをかけて過去をのぞき見ているようであることから、「バラ色の回顧」と呼ばれています。

ただ、この「バラ色の回顧」の認知バイアスが強すぎると、「**凋落主義**（**Declinism**）」の状態につながり、過去を美化して将来を悲観するようなことになってしまいます。

この凋落主義にならないためには、過去を振り返って幸せをかみしめるのと同時に、いま現在を大切に生きること。どんなに小さくても新しい行動をしていくことが、素晴らしい未来をつくっていきます。

認知バイアスを味方につけるコツ

過去の記憶を大切にしながら、新しい行動に踏み出していく

18 同じくらい勉強してもできる人とできない人がいるのはなぜ？

関連するバイアス――「記憶の生成効果」「自己参照効果」「間隔効果」「グーグル効果」

学生時代のテストや受験勉強、社会人になってからの資格や昇進試験など、わたしもあなたもそれぞれ自分に合った勉強法を工夫してきたと思います。

神経心理学の研究では**「アウトプットしたほうが記憶に残る」**ことがわかっています。

これは**「記憶の生成効果（Generation effect）」**と呼ばれる現象で、学んだ内容（インプット）を人に伝える、教える、改めてノートに書き出してみる……といった方法でアウトプットすると、長期記憶に残りやすくなるためです。[*64]

たとえば、次のような面白い実験があります。

それは単語を覚えてもらうときに、ただ言葉をそのまま覚えるよりも、空欄があったほうが記憶に残りやすくなるというものです。[*65]

たとえば、「デオキシリボ核酸」と覚えるよりも、「デ〇〇〇リボ核酸」と書いて、空欄に当てはまるものを思い出したほうが、記憶に残りやすくなります。

わたしも試験勉強のとき、テストに出そうな重点ポイント、なかなか覚えられない部分について自分でクイズをつくっては、解いていました。

「足利尊氏が室町幕府をつくったのは1336年」と覚えるのではなく、「足利尊氏が室町幕府をつくったのは13〇〇年」というふうに問題をつくります。もしくは、「足利尊氏が室町幕府をつくったのは何年?」「日本にはじめて仏教を伝えた人は?」などの質問集をノートにつくって、それを好きなときに眺めて答えていました。

また、成績が優秀な人とそうでもない人の差を比較した研究では、ノートのとり方に違いがあることがわかっています。

成績がいまひとつな人たちは、板書された内容をそのままノートに書き写すだけですが、**成績がよい人たちは板書された内容を自分の言葉に置き換え、アレンジしながらノートにまとめていました。**

つまり、成績が優秀な人はノートに書く時点で、板書からのインプットを自分流のアウトプットに変えているのです。すると、理解が進み、「記憶の生成効果」が働きます。

自分と関連する情報は優先的に記憶される

また、インプットのときもある工夫を行なうと、記憶に残りやすくなります。

その工夫とは「**自己参照効果（Self-reference effect）**」と呼ばれる認知バイアスを利用する方法です[*66]。**脳は自分と関連している情報を記憶しようとします。**好きだと感じたもの、嫌いだと感じたもの。どちらも自分が生きていくために大切な情報のため、脳は積極的に記憶しようとします。

「自己参照効果」をもっと直感的に感じられるのは、自分が写っている集合写真を見たときや、パーティ会場などざわざわした空間で誰かがあなたの話をしているときです。

集合写真の自分の表情はほかの人の顔よりも印象に残りやすくずっと覚えていますし、会場がどんなに騒がしくても自分のことを噂していたら、その会話は不思議なほど耳に入って記憶に残ります。

これは太古の時代から自分に関する情報は生き延びるために大切なものだったから。わたしたちの脳は無意識のうちに、自分に関連しているか、関連していないかをフィルタリングしてくれるのです。

もし、あなたがいま、資格試験などの勉強に身が入らず、困っているなら「自己参照効果」を応用してみてください。やり方は簡単です。

「いま学んでいることが将来の自分のキャリアにどう役立つか？」ということを考えるだけ。上司に言われてただやみくもに資格の勉強をしてもなかなか本気になれません。

でも、その資格を得ることで将来の自分がどう変わるか。給料が少し上がる、昇進の可能性が高まる、希望する異動先に異動できるかもしれない、独立したいと思ったときに役立つなど、はっきりとした関連性が見えてくると、自然と勉強へのモチベーションが高まります。

そのとき、「記憶の生成効果」で問題をつくったり、メモしたりなどアウトプットに工夫を施《ほどこ》せば、自然と学習のパフォーマンスも高まることが期待できます。

なぜ一夜漬けとネットでのリサーチは効果がないのか

一方、脳科学的には、やってもあまり効果のない勉強法もあります。

その代表例は、一夜漬けやインターネットを使って試験勉強することです。どちらも記憶に定着せず、詰め込んで学んだこと、調べて試験用紙に書いたことをすぐに忘れてしまいます。

一夜漬けが身にならないのは、**「間隔効果（Spacing effect）」**という認知バイアスが働くからです。[*67] これは「記憶の初頭効果、終末効果」とも呼ばれ、勉強をはじめた最初と終わりの記憶がもっとも強く残るというもの。

ですから、一夜漬けのように長時間一気に勉強するよりも、30分勉強しては5分休むようなリズムで学んだほうが効率的。その点、45分1コマで運営されている学校の授業は理にかなっています。

そして、インターネットで調べたことを忘れてしまう現象は**「グーグル効果（Google effect）」**と呼ばれています。[*68]

インターネットを利用できる参加者と利用できない参加者に分けて、記憶量を調べたところ、インターネットを利用できた人のほうが問題の内容を記憶できなかったそうです。その代わり、どこにアクセスすればよいかの記憶力はよかったとのこと。

試験に必要な情報をネットで調べるという作業は、インプットしたつもりでも脳に定着されにくく、当然、試験でもあまり使えません。結果、試験が終わればすぐに忘れてしまいやすくなります。

もし、ネットからの情報をきちんと自分のなかに残したいのなら、自前のノートに手書きでまとめることをおすすめします。これは読書にも通じますが、自分の興味と理解に合わせて情報をノートにまとめることが「記憶の生成効果」を働かせ、記憶が整理され、長期記憶として残るのです。

YouTubeのまとめ動画を見て瞬間的にわかった！　となるのは気もちのいいものですが、残念ながらすぐに忘れてしまう可能性があります。

認知バイアスを味方につけるコツ

勉強したことをノートに手書きでまとめてみる。自分の将来の何に役立つか考えてみる

4

時限目

仕事にまつわる認知バイアス

いろいろやっても
結果が出ないのなぜ？

19

なぜ、資料に数字が入ると説得力が上がるのか？

関連するバイアス――「曖昧性の回避」「不確実性の回避」

新人のころ、上司から「話はわかったから、具体的な数字で示せ」と言われた経験はありませんでしたか？　日常的に使う会議資料、プレゼン用資料など、ビジネスシーンではあらゆる資料に数字が入っています。そして、「数字の効果的な使い方」をテーマにした書籍やインターネットのコンテンツも充実しています。

なぜなら、脳には曖昧なものを回避する傾向があるからです。

この認知バイアスは2時限目で述べた簡単なものを優先する**「利用可能性ヒューリスティック」**の1つで**「曖昧性の回避（Ambiguity aversion）」**と呼ばれています。[*69]

極端な設定ですが、くじ引き用の2つの箱があったとして、「A：中身が見える箱」と

「B：中身が見えない箱」だったら、あなたはAとBどちらの箱でくじを引きたいと思いますか？

また賭けでコインを選ばなくてはいけないときに、Aは1000回投げて表と裏がそれぞれ500回ずつ出ているコイン、Bは2回しか投げていなくて表と裏が1回ずつ出るコインだったら、どちらを選びますか？[*70]

どちらも多くの人はAを選びます。なぜなら、わたしたちは、わかりやすさ、明確さ、簡便さに惹かれるからです。

実際に神経科学の研究でも、脳をスキャンすると、**曖昧なことに対して行動しようとすると、負の感情を引き起こす扁桃体**が活性化

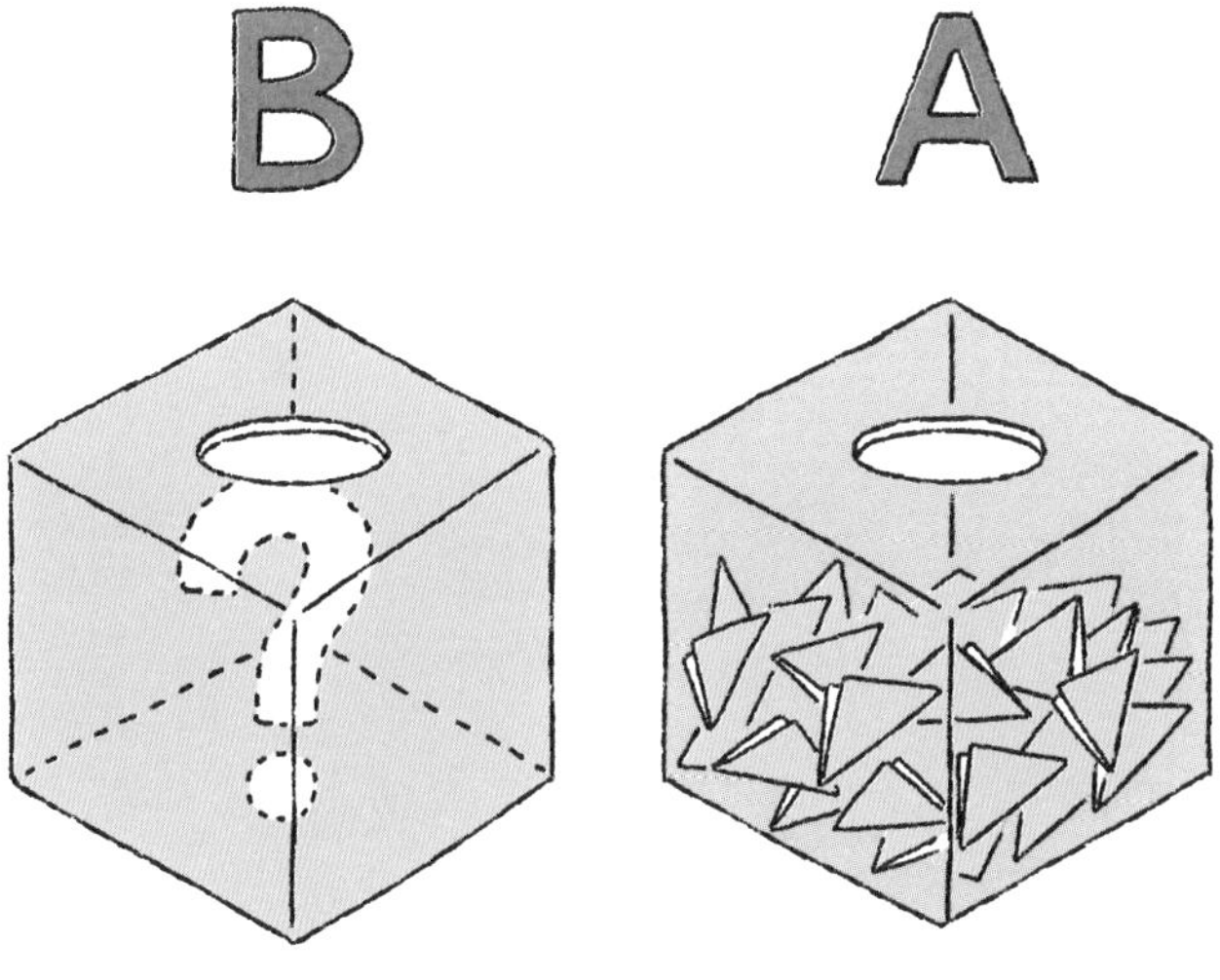

して不快感を覚えたり、やる気を司る線条体が発火しなくなるため、意欲が減退することが示されています。[*71]不確実な状況を脳は嫌うことから、別名**「不確実性の回避（Uncertainty aversion）」**と呼ばれることもあります。

ですから、資料に数字が入ると明確になりわかりやすいため、脳は喜んでその考えを受け入れたり、意思決定しやすくなるのです。

わたしも講演会や企業研修などで使う資料には、可能なかぎり科学的なデータを用いた数字を入れるようにしています。

たとえば、笑いと健康の関係を示したいときは、次のように伝えます。

× 笑うことは死亡リスクを下げます。

○ 笑うことは死亡リスクを2倍下げます。[*72]

言葉だけでも伝わる内容ですが、あえて数字を示すことで、脳は情報をより記憶に残そうとします。すると、講演を聴く人の興味、関心が増すだけでなく、より確実に伝えたいメッセージが届くようになります。

ですから、あなたも資料をつくるときは必ず数字を使うようにしましょう。それだけで説得力がアップします。

わかりやすいからこそ、ファクトチェックを大切に

一方、資料を見る側になったときには、数字のわかりやすさにだまされないよう注意しましょう。たとえば商品のコピーで、こんな数字の使われ方があります。

「タウリン1000mg配合!」。すごく効きそうな印象を受けますが、単位を変えると「1グラム」です。もちろん、1グラムでも十分な効果はあるのでしょうが、数字だけで演出が可能だったりもするのです。

また、食品の表示でおなじみの「レモン○個分のビタミンC」。こちらも元データを知り、ファクトチェックすることで印象が変わります。

そもそもレモン1個分のビタミンCの量はどのくらいなのでしょうか? じつは農林水産省が1987年にガイドラインをつくり、レモン1個分＝ビタミンC20ミリグラムと定

めています。そして、わたしたちの体はビタミンCを体内でつくることができないため、食事で摂取する必要があります。その推奨量は成人で1日100ミリグラム。つまり、レモン5個分のビタミンCをとればOKです。

ちなみに、世の中にはレモン40個分、800ミリグラムのビタミンCが入っていることをうたった商品もあります。過剰摂取で健康に害があるわけではありませんが、表に出ている数字を深掘りしていくと意外な事実が浮かび上がってきます。

見た目の数字のインパクトだけで「これはよさそう！」「この商品はすごい！」「この資料は斬新！」と思ってしまうと、誤った判断をしてしまうかもしれません。

仕事で扱うからこそ、「利用可能性ヒューリスティック」や「曖昧性の回避」の働きに流されないよう、数字の元データとファクトチェックを習慣づけていきましょう。

数字を使って説得力をもたせる。数字が使われていたらファクトチェックをする

20

挑戦して失敗するくらいなら、最初から挑戦しないほうがいいと思うのはなぜ？

関連するバイアス――「現状維持バイアス」

- いまの仕事が好きでないのに、なかなか転職できない同僚
- 提案内容が優れているのに、別にいまのままでいいよという取引先
- 会社には投資が必要なのに、リスクがあるからと逃げ腰気味の上司

あなたは仕事において、このような安定志向の人を見かけたことはないでしょうか。これには、変化よりも現状を重視する**「現状維持バイアス（Status quo bias）」**という認知バイアスが関係しています。[*73]

このバイアスは1時限目で述べた、未来よりもいまこの瞬間のほうを大切にする**「現在バイアス」**の1つで、現在バイアスが強い人ほど、「知らないことや経験したことがない

ことは受け入れたくない」「たとえ有益なことであっても、未経験の変化は安定した状態がなくなるので怖い」といった「現状維持バイアス」に支配された思考になりやすくなります。

なぜかというと、わたしたちの脳はもともと「安定を求める」性質があるからです。

たとえば、いまにも滑り落ちそうな崖に足を踏み入れたら、わたしたちはとっさに落ちないように何かをつかみたくなります。ジャングルで大きなライオンに遭遇したら、安全な場所に逃げたくなります。これは人の生存欲求として当たり前のことです。しかし、**あまりに安定を求めすぎると、逆にストレスが生まれやすくなります。失いたくないという気もちが執着となって、逆にストレスになってしまうから**です。

わたしは「うまくいく人、うまくいかない人」の研究を通して数多くのビジネスパーソンを研究してきましたが、成果を出していない人ほど「現状維持バイアス」が強いという傾向がありました。**「安定欲求はすべてのモチベーションを殺す」**という言葉がありますが、とにかく「現状維持バイアス」が強い人は新しい行動がおっくうです。その結果、自分の人生を制限してしまうことがあります。

変わりたい、でも変わりたくない人が変化する意外な方法

そうは言っても「安定したい！　現状維持を求めてしまう」、そう思う人もいるかもしれません。そんなときはどうすればいいのでしょうか？

これは、わたしがこれまで「現状維持バイアス」のある人を調べてわかってきたことですが、ほとんどの人が新しいことに不安を感じていました。

つまり、不安がなくなれば行動できるのです。それでは、不安をなくすためにどうすればよいのか？　その1つの方法が意外かもしれませんが、**「小さく行動する」**ことです。

たとえば、メールを返すのが面倒で返信できていないとき、頭のどこかでメールが気になっているということはないでしょうか？　つまり、「メールを返す」ことから逃げて安定を得ようとしたのに、逆に脳が不安を感じている状態です。

そんなとき大切なことは、とにかくすぐメールを返信してみること。ひと言「ありがとう！」だけでも大丈夫です。どんな短い文章でもこれだけで、自分の行動を通してコント

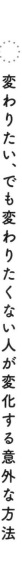

ロール感をとり戻せるため、ストレスがなくなって安心できます。

脳は何も行動しないよりも、新しい行動を起こして対処行動ができているほうが、現在の状態を「自分でコントロールできている」と認知できるため、逆に不安を感じにくくなるのです。

また、**普段から「小さな新しい行動」を意識してみることも大切です。**身近な例で言えば、食事に出かけたとき、毎回、似たようなお店で、同じようなメニューを頼むのではなく、新しいお店に入ってみたり、いつもと違う食べたことのないメニューを頼んでみます。映画や動画、アニメもいつもと違うジャンルのものを観てみたり、新しい人と出会ってみます。

はじめての店、はじめての場所に行き、食べたことのないメニュー、やったことない体験にチャレンジする。そんなプライベートでの初体験が、ビジネスでの**「現状維持バイアス」の働きをやわらげることにも**つながっていきます。

認知バイアスを味方につけるコツ

……………

小さく行動してみる。普段から小さな新しい行動を意識する

21 うまくいかないと何かのせいにしたくなるのはなぜ？

関連するバイアス――「帰属バイアス」「根本的な帰属の誤り」「対応バイアス」「敵意帰属バイアス」「自己奉仕バイアス」

わたしがある日、車に乗っていたときのことです。ものすごい勢いで、左の後ろから車線をはみ出して、追い抜いてくる車がありました。猛スピードで前に出て、そのまま見せつけるように走り去っていきました。あまりにも危なかったので、「この人、人格がおかしいんじゃないか？」と思わず声を出しそうになってしまいました。

あなたも車を運転しているとき、道を歩いているとき、電車やバスに乗っているとき、割り込んできたり、押してきたりと不可解な行動をする人がいたら、とっさにそのように思ってしまうのではないでしょうか？

これは、脳がストレスを受けたとき、いま起きていることを何かに理由づけ（専門用語で帰属）しようとすることで、安心したい、ストレスを遠ざけたいという脳の性質です。

これを認知バイアスの**「帰属バイアス（Attribution bias）」**と言います。[*74]

わたしたちは、**何かに理由を帰属させることで、状況をコントロールできていると脳が錯覚するため、ストレスを減らせる**のです。とくにこの帰属バイアスのなかでも、相手の行動の原因を相手の内的要因（性格やクセ）に求めてしまうことを**「根本的な帰属の誤り（Fundamental attribution error）」**と言います。[*75]最近では**「対応バイアス（Correspondence bias）」**とも呼ばれています。[*76]

- タクシーの列に割り込んでこられると、「この人はマナーがなっていない」と思う
- 遅刻する人に対して、「だらしない人だな」と思う
- 仕事が終わっていないのに帰宅する人を見て「仕事のできない人だ」と思う

これはまさに「根本的な帰属の誤り」のバイアスが働いています。

たとえば、タクシーの列に割り込んできた人は、もしかしたらサングラスをしていて視界が狭く自分のことに気づかなかっただけかもしれません。

遅刻する人は、30分前に家を出たにもかかわらず、渋滞に巻き込まれたのかもしれません。仕事があるのに途中で帰る人は、もしかすると子どもが熱を出してしまい、病院に連れていかなくてはいけなくなったのかもしれません。

冒頭のわたしのケースでは、すごい勢いで追い抜いていった車の人は、もしかするとお腹が痛くてコンビニのトイレにかけこんでいったのかもしれません。

「根本的な帰属の誤り」は、このように**外側の環境要因に原因があったのではないかと考えると、やわらぐ**ことがわかっています。つまり、ストレスを感じないためには、本当はその人の内側の原因であっても、外側の原因に結びつけることが有効なのです。

わたしは仕事の一環で、世界的に大ヒットした『鬼滅の刃』というアニメを見たことがあります。登場する鬼たちは極悪に見えても、ストーリーのなかでその裏には必ず鬼にならなければいけなかった悲しい過去があることを知ります。すると、あれだけ憎らしく感じていた鬼に対して慈愛のような感情をもつ瞬間があって驚きました。

これがまさに外側の環境要因を知ることで、認知が変わるという体験です。

また、この「根本的な帰属の誤り」を超えて、ちょっとした相手の曖昧な行動がすべて自分を攻撃していると感じてしまう**「敵意帰属バイアス（Hostile attribution bias）」**というものもあります。[*77]

たとえば、コソコソ話をしている2人を目撃すると、それは自分の悪口を言っていると思ってしまうのは、まさに「敵意帰属バイアス」です。

本当は相手のことをほめていたのかもしれないのに、まったく違うことを話していたかもしれないのに、相手は敵意があるものとして帰属してしまいます。その結果、人に対して攻撃的になる人も多いそうです。[*78]

また「根本的な帰属の誤り」と正反対のバイアスに**「自己奉仕バイアス（Self-serving bias）」**というものがあります。[*79] このバイアスは「自分の成功は自分の内的要因に原因があり、失敗は外側にある」という「帰属バイアス」の1種です。

このバイアスがある人は、成功したときこんなことを言います（もしくは心のなかでも）。

「あのプロジェクトが成功できたのは、自分の能力が突出していたからだ」

「最高のプレゼンができたのは、構成力と表現力が優れていたからだ」

そうかと思えば、一方で成果が出なくなると、こんなことを言いはじめます。

「前回の商談がうまくいかなかったのは、たまたまメンバーが悪かったからだ」

「プレゼンが評価されなかったのは、プロジェクタの調子が悪かったからだ」

つまり、**自分の能力は優れていると思いたい（自分に奉仕する）がために、失敗の原因を自分ではなくまわりに転嫁してしまう**のです。

ちなみに自分は平均以上の能力をもっていると思いたがるのも、この「自己奉仕バイアス」が関連しています。実際に車を運転する人の多くは、自分が平均以上の能力をもっていると思っているそうです。[*80]

このバイアスは、85ページで述べた**「ダニング・クルーガー効果」**の原因の1つにもなっています。この**「自己奉仕バイアス」が強い人も、「自尊心」が十分に満たされていない可能性があります。**自分のことを尊敬しており、100パーセント幸せな人であれば、失敗しても心の余裕があるので、細かくまわりのせいにはしないからです。

失敗を「自分のせいかも？」と見直してみる

「雨が降っても、自分のせい」こんな言葉を聞いたら、あなたはどう感じるでしょうか。

これは実際にわたしの知り合いのある成功された経営者がよく言っている言葉です。彼は何が起きても絶対にまわりのせいにしません。

「コロナでお客がいないのは、わたしが時代にあったビジネスを提供できていないから」「従業員がさぼるのは、わたしが楽しく働ける職場環境をつくれていないから」「お客にキレられるのは、自分の人間力が足りないから」……どんな理不尽なことでもすべての原因は自分にあると思うことで、できることを1つずつ改善してきたそうです。

すると、面白いことが起きました。会社の売り上げが確実に伸びていったのです。人や環境のせいにする人は従来の方法を変えませんが、自分に原因があると認識すると、やり方をよりよいものにしていこうという意識に変わっていきます。結果、会社は大きく成長しました。

そしてもう1つ素晴らしいことが起きたそうです。それは、気もちがラクになったこと。

わたしたちは、外側に原因を置くと脳はストレスを感じます。なぜなら、自分の外側はコントロールできないからです。「あの人のせい」と言ったとき、気もちが最高になれないのは、脳がコントロールできないものにストレスを感じているからです。

日本のリサーチでも、雨が降ると多くの人は晴れの日と比べて気分が下がることが報告されています。[*81] ２０２２年の最新研究では、30万件のオンラインレビューを調べたところ、雨の日に書き込まれた評価は否定的なものが多くなるそうです。[*82] つまり、雨はコントロールできないため、脳がストレスを受けてしまう傾向にあるのです。

「雨が降っても、自分のせい」。究極の言葉ですが、これを目指していくと再び自分に主導権が戻ってきて、より豊かな人生を自分自身でつくり出していくことができます。

認知バイアスを味方につけるコツ

すべての出来事は自分が生み出していると考えてみる

22 なぜ、1つミスしただけで「もう全部オワタ…」と思うのか？

関連するバイアス――「全か無かの思考」「スプリッティング」「信念バイアス」

わたしたちは、たった1つのミスによって「もうおしまいだ。やっていられない」と努力してきたことをすべて投げ出してしまう極端な反応を見せてしまうことがあります。

- 若手社員が、上司のちょっとした注意で、翌日から職場に顔を見せなくなる
- 夜中にスイーツを食べた自分を許せず「もうダメだ！」とヤケ食いする
- プレゼンの当日、機材トラブルでパソコンが使えず、やる気を一気に失ってしまう

こうしたときに働いているのは**「全か無かの思考（All-or-nothing thinking）」**、別名**「スプリッティング（Splitting）」**と言われる認知の歪みです。[*83] **基本的に「全か無かの思考」**

は精神的に未熟な10代、20代の時期に強く働きがちな認知バイアスとされています。

ものごとをさまざまな角度から見て考える力が育っていないため、「あの人は好き、この人は嫌い。あの人は味方、この人は敵」という図式で対人関係をとらえてしまったり、「世の中お金がすべて」「ものごとには勝ち負けしかない」と社会を切りとってしまったり、極端な思考になりがちなのです。

ただし、多くの人は人生経験を重ねるうち、柔軟な考え方ができるようになって、「全か無かの思考」の働きがやわらいでいきます。

ところが、成熟していると考えられる年齢になっても「全か無かの思考」が強く働いてしまう人たちがいるのも事実です。それはなぜなのか？　それは**「信念バイアス（Belief bias）」**が深くかかわっているからです。[*84]

これは簡単に言うと「A＝B、B＝Cであれば、A＝C」と思ってしまう認知バイアス。「三段論法バイアス」とも言われます。たとえば、こんなことを考えてみてください。

「わたし＝田舎生まれ」（事実）
「田舎生まれ＝出世できない」（信念）

↓「わたし＝出世できない人間だ」（結果）

ここで考えてもらいたいのは、「田舎生まれ＝出世できない」というのは本当なのか？ということです。田舎出身の人が必ず１００パーセント、出世できないということは考えられません。

たとえば、「好きな人にふられたから、自分は魅力がない」、「あの人に裏切られたから、もう人は誰も信じない」、「試験でいい点をとれなかったから、わたしはいい大学に合格できない」、たった1回の体験で、わたしたちはすべてがそうだと一般化してしまうことがあります。これが「信念バイアス」です。そして、この「信念バイアス」はわたしたちの能力さえも変化させてしまうのです。

「信念バイアス」は記憶力やダイエットにまで影響する

これは米国で行なわれた実験ですが、18〜22歳の若者と60〜74歳の高齢者をそれぞれ64人ずつ集めて、単語のリストを見て覚えてもらいました。

そして2つのグループに分けてこう伝えました。

A：「これは記憶力の試験です。高齢者のほうが成績は悪くなります」

B：「これはただの心理学の試験です」

その結果、Aのグループは、若者の正答率が50パーセント、高齢者が30パーセントとなりました。ところが、Bのグループは、高齢者の正答率が50パーセントになり、若者と同じになったのです。[*85]

つまり、**「歳をとると記憶力が落ちる」という力を奪う「信念バイアス」をもつと、わたしたちの脳まで影響を受けて、本当に記憶力が落ちてしまう**ことがわかったのです。

また「信念バイアス」はダイエットにも影響を与えます。これは、ハーバード大学で行なわれた有名な研究です。ホテルのベッドメイキングの従業員に次のように説明しました。[*86]

「ホテルのベッドメイキングは、ただの作業ではなく素晴らしいエクササイズ効果があります。1つの部屋を掃除するだけで合計300キロカロリーのカロリー消費があります。だから、複数の部屋を掃除すると、たった1日の仕事で1日に必要な運動量（200キロカロリー）を簡単に消費してしまうんです」

そして、1か月後、従業員の体重、体脂肪率、ウエストとヒップの比率、BMIを調べたところ、運動効果を伝えられなかったグループに比べて、なんと見事に体重や体脂肪を含むすべての項目がマイナスに減量してしまったのです。なかにはくびれがくっきりできる人まで出てきたそうです。

「信念バイアス」をとり除くには、「本当なのか？」という問いかけが大切

このようにわたしたちは、気づかないところで、「信念バイアス」の影響を受けています。

わたしも長年ビジネスからお金、ダイエット、恋愛、自己肯定感などあらゆる分野でうまくいく人とそうでない人の「信念バイアス」を研究していますが、お金だけでも少なく

とも76パターン、ダイエットでは62パターン、恋愛だけでも88パターンの信念が存在しており、全体で400以上の分野別の「信念バイアス」のパターンを見つけています。

たとえば、自己肯定感が低い人は「成功しないと、自分には価値がない」と信じていたり、お金でうまくいかない人は「お金とは出ていくものだ」と思っていたり、恋愛でうまくいかない人は「つき合うと自由が奪われる」などの「信念バイアス」をもっています。

人はうまくいく分野もあれば、うまくいかない分野もありますが、**もし長年うまくいかない分野があるとしたら、それは自分を制限している「信念バイアス」が関係している可能性があります。**

同じように、一度のミスで「もう全部オワタ……」と努力を手放すことをくり返していると、だんだんそれが当たり前になってきてしまいます。

もしそんな事態を避けたいのであれば、自分にこう問いかけてみてください。

それは**「いま思っていることは、100パーセント絶対に本当なのか？」**

すると、必ず、例外が存在することに気づきます。

たとえば、「1つの失敗はまわりからの評価を下げる」と信じていたら、「それは絶対に本当か？」と自分に問いかけます。すると、「隣の部署のAさんは失敗しても、いつもそこから成長して人から好かれているな」「失敗してもそこから学ぼうとするその姿勢こそが、まわりから評価されるんだな」など、自分でもビックリする答えが出てきたりします。

たとえば、「体力がない人は成功できない」と信じていたら、「それは本当か？」と投げかけます。すると、「松下幸之助さんは体は弱かったけど、あんなに素晴らしい世界的企業をつくった」「体力よりも頭を使ったり、人脈のほうが大事なんだな」など、そこから「信念バイアス」は徐々に崩れ去っていきます。

「信念バイアス」を改善する方法はいろいろありますが、まずは簡単にできる質問からはじめてみてください。

認知バイアスを味方につけるコツ

「オワタ…」と思ったら、「それは100パーセント絶対に本当なのか？」と自分に問いかけてみる

23 なぜ、締め切り前日に掃除をしたりしてしまうのか？

関連するバイアス――「セルフハンディキャッピング」「計画の誤謬」

大事なプランの提出日前日、まだ完成していない資料を横目にSNSを見たり、なぜかデスクまわりを整理整頓しはじめてしまい……そういえば、学生時代も試験前に部屋の掃除をしていたな……と思い出す。あなたにも、似たような経験があるのではないでしょうか？

これは「セルフハンディキャッピング（Self-handicapping）」と呼ばれる認知バイアスの働きです。[*87]

この先に待っている重要なイベント（プランの提出、試験、プレゼン、告白など）にうまく対処できなかったとき、それを自分の能力のせいにはしたくない。ほかにうまくいかなくなるに足る原因があったのだ。「〇〇だから、うまくできなかった＝能力のせいではない」

から自尊心は守られる……と。

つまり、**わたしたちの脳は無意識のうちに、「自尊心」を守るための「理由」をつくろうとする**のです。


そんな「セルフハンディキャッピング」には、2つのパターンがあります。

1つは、**行動型**。こちらは冒頭の例のように、プランの提出前日で資料が未完成なのにデスクまわりの掃除をはじめるようなパターンです。試験勉強をすべきところでゲームをしたり、二日酔いになってはいけないのに飲みにいったり、**「理由」づくりの行動をしてしまいます**。

もう1つは、**主張型**。「ちょっと体調が悪くて、うまくいかないかも」「俺、全然勉強してないからさ」「今日のプレゼン、本当に自信がないです」など、まわりの評価と期待値を下げるような言い訳をして、「自尊心」を守るパターン。**あらかじめ主張し、うまくいかない「理由」を周囲に伝える**わけです。

どちらにしろ、「セルフハンディキャッピング」には失ってしまうものがあります。

行動型は本来使えたはずの時間が失われたり、作業ができなくなってしまいます。主張型は結果が悪いと「やっぱり、あの人は……」となってしまいますし、結果がよくても「何もしてないって言ってたくせに、絶対に勉強してたはずだよ」と嘘つき呼ばわりされます。つまり、**「自尊心」を守るための行ないが、中長期的にはまわりからの評価も下げる結果になってしまう**のです。

そこで、目先の危機回避のために行動型の「セルフハンディキャッピング」が働いてしまいそうになったら、**対策として「小さくはじめる」ことを実践してみる**のをおすすめします。

これは行動型の「セルフハンディキャッピング」を防ぐのに、とくに有効です。

資料づくりなら資料づくりを1分だけやってみる、勉強なら勉強を教科書3分の1ページだけやってみるなど、本来とり組むべきことを小さくはじめてみましょう。すると、「作業興奮」という現象が起こり、やるべきことへの集中力が高まっていきます。*88

わたしたちの脳は手を動かし出したとき、視覚、触覚などからの刺激を受けます。その刺激に脳の側坐核という部分が反応し、アセチルコリンという物質（神経伝達物質）を多く分泌。この反応がいわゆる「やる気スイッチ」となるのです。

なぜ、世の中のあらゆる計画はだいたい遅れが生じるのか

また、「セルフハンディキャッピング」を防ぐには、本番に向けた準備の計画そのものを見直すことも役立ちます。そもそもせっぱ詰まった状況をつくらなければ、行動型、主張型の言動で言い訳の理由をつくらなくても済むはずです。

しかし、世の中のあらゆる計画は見積もりよりも遅れがちになります。これは**「楽観主義バイアス」**の一種である**「計画の誤謬（Planning fallacy）」**の影響です。[*89]

最近あった一番身近な例は、2021年に開催された東京オリンピック・パラリンピックです。開催前の当初の予算は2つ合わせても7430億円と言われていましたが、フタを開けてみると最終的には1兆6640億円となっていたのです。これは当初の予定よりなんと約1兆円もオーバーしている金額になります。

できるだろう、何とかなるだろう、これくらいでいいだろう、間に合うだろう……と楽観し、実力を過信し、いつの間にか計画通りにいかない……。誰もが経験したことのある

状況です。

「計画の誤謬」を完全に防ぐことは難しいですが、「小さく分けること（アンパッキング／Unpacking）」である程度、防ぐことができます。[*90] **計画の実行のためにどんなタスクがあるか。これを細かく分解し、具体的に書き出していく**だけです。

プラン提出までの作業工程、資料作成のプロセスをわかりやすく分類して、それぞれに必要な所要時間を整理します。

所要時間がわかると、「できるだろう」という根拠のない楽観は吹き飛び、具体的な作業のイメージが見えてきます。すると「計画の誤謬」が働きにくくなります。

小さく分けて、小さくはじめること。これで、せっぱ詰まった状況のなか、いまやるべきではない掃除に集中してしまうような事態は避けられるかもしれません。

認知バイアスを味方につけるコツ

計画実行のためのタスクを細かく書き出し、小さくはじめてみる

24 迷うと主語の大きい意見に流されてしまうのはなぜ？

関連するバイアス――「権威バイアス」

わたしたちは判断に迷う2つの選択を迫られたとき、「権威バイアス（Authority bias）」によって動かされてしまう傾向があります。[*91] たとえば、次のような2パターンの紹介をされた場合、どちらが印象に残るでしょうか？。

A　よい茶葉を使った商品です
B　モナコ王室御用達の茶葉を使った商品です

A　疲労回復効果が期待できるドリンクです
B　体育大学の○○教授監修の高い疲労回復効果が期待できるドリンクです

A　制作部が仕上げたキャッチコピーです
B　市場調査で30代の男女95パーセントが好感をもったキャッチコピーです

多くの人はBのほうが印象に残ると答えます。なぜなら、わたしたちには「一流のもの」「多くの人が支持しているもの」＝正しいというイメージがあるからです。迷ったときほど、安全パイを選びたいという心理が働き、安全の保証として権威に頼ってしまいます。

とはいえ、「本当に窮地に陥ったら、自分は自分の感覚を信じて決めるはず」とあなたは思われるかもしれません。

しかし、「権威バイアス」には、わたしたちの想像を超える効果があることを示すある有名な実験があるのです。

あなたも実験に参加した被験者の1人になったつもりで、どういう選択をするかシミュレーションしてみてください。

普通の人が生命の危険がある電流のスイッチを押してしまうわけ

「体罰と学習効果」という実験です。参加者は、先生役と生徒役に分かれ、あなたは先生役を務めることになり、研究者から次のような説明を受けます。

「あなたは問題を出し、もし相手が間違えたら、罰として電気ショックを与えてください。1問間違えるごとに電気ショックの威力は強くなります」

実験がはじまると、生徒役の参加者は何度も答えを間違えます。あなたはそのたびに電気ショックを与えます。その強度は相手が答えを間違えるたびに1段階ずつ上がっていきます。

さて、このような状況で、あなたは研究者の指示に従い、生徒役にどこまで電気ショックを与え続けるでしょうか？

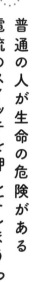

この実験は、「ミルグラムの権威の服従実験」と呼ばれ、実際にイェール大学のスタンレー・ミルグラム教授が行なったものです。[*91]

結果は、先生役の40名中25名（62・5パーセント）もの参加者が、研究者の求めに応じて生命の危険がある450ボルトもの最大の電気ショックを与えました。

もちろん、ここで使われた電気ショックはにせもので、生徒役の参加者は苦しんでいる演技をするよう指示されていました。しかし、先生役の参加者はこのことを知らず、目の前で起きている危険な状況よりも、その場の権威者（研究者）の指示に従ったのです。ちなみに、実験の参加者は実験が行なわれた研究室の近くの街に住む一般の人々でした。

権威者にはそれだけの影響力があり、わたしたちは誰もが「権威バイアス」に動かされる可能性を秘めているのです。

認知バイアスを
味方につけるコツ

その意見に従おうと思った背景に「権威」がないか、自問自答してみる

25 なぜ、ほかの誰かがやってくれると思うのか？

関連するバイアス――「傍観者効果」「リンゲルマン効果」

「人数がたくさんいるときは、みんなで協力しなさい」

わたしがまだ小さいとき、学校の先生によく言われた言葉です。でも、実際は学校でも社会に出ても、なかなか動いてくれない人がいてイライラしたり、困ったということはないでしょうか？

じつはこれに関して、ニューヨーク大学の学生を対象に行なわれた面白い実験があります。

学生にそれぞれ個室に入ってもらい、マイクの声だけで集団討論に参加してもらいます。すると、突然1人が発作を起こして倒れます（研究者がしかけた役者さんです）。

マイク越しですが、相手が倒れたことがわかります。そのときあなたは部屋を出て相手を助けに行くでしょうか？

じつはこのとき、討論の人数を2人、4人、6人のグループに分けて実験を行ないました。その結果、2名のときは参加者はすぐに助けに行きました。なぜなら、相手が倒れたことを知っているのは自分だけなので、助けにいかないと相手が危険に陥ってしまうからです。しかし、メンバーが6名になるとどうなったでしょうか？

なんと助けに行かない人が38パーセントもいたのです。[*92]

わたしたちは人と一緒に仕事をするとき、あの人に伝えたはずなのになんでやってくれないんだろう？　自発的に動かないのはなぜだろう？　と思ってしまうことがあります。

言ったつもり、頼んだつもり、やってくれるだろうと思った……など、職場で発生しがちな行き違い。その原因の1つとなっているのが、**「傍観者効果（Bystander effect）」**という認知バイアスです。[*93] これは、**「自分がやらなくても、誰かがちゃんとやってくれるだろう」と考えてしまう認知バイアス**で、かかわる人数が多いほど強く働き、傍観者が増えていくことがわかっています。

「傍観者効果」が起こるのは次の3つの理由からです。

①　**責任の拡散**……その仕事にとり組むのが自分だけのときは「自分がやらなくては」という責任感から行動します。ところが、メンバーが2人以上になると、責任が拡散。ほかの人がやってくれるだろう……と期待し、責任を回避してしまいます。

②　**多元的無知**……その仕事にとり組むメンバーが複数いて、責任が分散していると、積極的に行動する人が出てきません。すると、締め切りが間近に迫っていても「みんなも焦ってないから大丈夫」と緊急性を感じなくなってしまうのです。[*94]

③　**聴衆抑制**……ほかにもメンバーがいるのに、自分が主導権をもって行動した場合、目立つのではないか？　もしそれで失敗したら恥をかくことになるのではないか？そんなふうに周囲の目を気にして行動にブレーキをかけてしまいます。

なかでも①の責任の拡散については、フランスの農業工学者マックス・リンゲルマン教授の実験が有名です。[*95]

リンゲルマン教授は、フランス国立農業学校（現フランス国立農学研究所）で綱引きや石臼を引く作業など集団行動時のときの、1人当たりのパフォーマンスを数値化する実験を行ないました。

簡単に考えれば、1人の力を100とした場合、2人が協力して同じ方向に綱を引けば、合計で200の力が発揮されるはずです。ところが、実験の結果は異なりました。

1人のときを100パーセントとすると、2人のときは1人当たりの力が93パーセントに、3人になると85パーセントに、4人に増えると77パーセントに……と下がり続け、8人のチームになると1人が出す力は半分以下の49パーセントになってしまったのです。

このように同じ作業にとり組む人が増えれば増えるほど、責任が拡散し、力を抜いてしまう現象は「リンゲルマン効果」とも呼ばれています。

責任の所在を明確にすることが「傍観者効果」の対策に

「傍観者効果」は仕事以外の場面でも生じます。

特別な訓練を積んだメンバーの集まりではないかぎり、合唱では参加者が増えると1人の発声量が落ちますし、路上で具合の悪い人がうずくまっていても通りかかる人の多い都市部の駅ほど、声をかけ、助けようとする人は減っていきます。[*93]

みんながいるから大丈夫と考えてしまうのです。

また、交通事故や暴行事件など、突発的な事故を目撃したとき、多くの人は無意識のうちに傍観者になり、動けなくなってしまいます。

そして、周囲を見回したとき、自分と同じように「どうしよう?」「何が起きた?」と野次馬状態の傍観者になっている人を見つけ、同じような行動をとってしまいます。

こうしたとき、しっかり動けるようになるには「自分から率先して動く」とイメージリハーサルしておくことです。[*96] そのためにも事前に救助や避難のトレーニングを受けておきましょう。経験値があれば、思考停止状態を避けることができます。

また、仕事での「傍観者効果」の対策としては、責任の所在を明確にしておくこと。シンプルな指示系統をつくり、メンバー内で周知しておくこと。つまり、誰が何をいつまでにやるかをはっきりさせることが傍観者をつくり出さない対策となるのです。

認知バイアスを味方につけるコツ

率先して動くイメージリハーサルをしておく
責任の所在を明確にしておく

26 なぜ、会議ではいいアイデアが出ないのか？

関連するバイアス――「内集団バイアス」「外集団同質性効果」「多元的無知」「多数派バイアス」「パーキンソンの凡俗法則」「傍観者効果」

会議でよいアイデアを出そうと思っても、なかなか出てこない。職場における「あるある」ですが、これは、認知バイアスの観点からすると当然のことです。

まず、複数のメンバーが集まった時点で「グループシンク（Group think）」という認知バイアスが働きます。[*97] これは**グループで考えると、凡庸な結論になってしまう傾向のこと**で**「集団浅慮《せんりょ》」とも呼ばれる認知バイアス**です。

なぜ、グループで集まると創造的な場にならないのかというと、そこには次のような複数の認知バイアスがかかわっているからです。

「内集団バイアス（In-group bias）」……自分が属している集団に好意的な態度をとり、外

の集団には差別的な態度をとる[98]

「外集団同質性効果（Out-group homogeneity bias）」……自分が属するグループ以外は、みな似たり寄ったりだと認識してしまう認知バイアス[99]

「多元的無知（Pluralistic ignorance）」……集団の大多数のメンバーが内心ではそのとり決めやルールを拒否しているにもかかわらず、ほかの多くのメンバーがそれを受け入れていると思い込み、従ってしまう

「多数派（同調）バイアス（Majority bias）」……行動を選択する際に、他者の一般的な行動を観察し、それに同調する傾向[100]

「パーキンソンの凡俗法則（Parkinson's Law of Triviality）」……組織は些細なものごとに対して、不釣り合いなほど重点を置く。本来、議題にすべき重大事よりも、部長がどう考えているか、議論の手順はどうするかといったどうでもいいことの話し合いに時間を費やしてしまう[101]

どれも複数のメンバーが集まった場面で発生する認知バイアスです。そして、このほかに199ページでとり上げた**「傍観者効果」**も加わるので、最終的な責任の所在が曖昧に

なってしまいます。
　また研究からも、個人と集団で考えるのでは、まったく違う考えになってしまうことが示されています。[*102] たとえば、世の中には保守的な人と、リスクが好きな人がいます。それらの人に「転職に悩んでいる女性が新しい仕事にチャレンジすべきか、いまの仕事を続けるべきか？」と聞く実験です。すると、保守的な人は100パーセント自信が必要と答え、リスクが好きな人は、自信は10パーセントで大丈夫と答えます。
　しかし、それらの人たちを集めて討論してもらった結果、意外な結果になりました。保守的だった人が「自信がなくても新しい仕事にチャレンジしたほうがよい」という結論に達してしまったのです。別のメンバーを集めたところ、今度は真逆の結果になりました。つまり、集まるメンバーによって、1人よりも極端な決断をするようになってしまうのです。ほかの研究でも、投資したがる人が集まると、よりリスクの高い決断をするようになったりすることも報告されています。[*103]
　つまり、**わたしたちはグループで考えてしまうと、まわりの人の意見に影響されてしまい、個人で決断するよりもリスクが高かったり、より保守的になったり、極端な決断になってしまう恐れがあるのです。**たとえば、一緒に起業しないかと言われてメンバーで会社を立ち上げたりしても、リーダーが何人もいると数年後にうまくいかなくなる確率が上がることが予想されます（もちろん、役割分担がしっかりできていれば、「グループシンク」に陥りにくく長期的に成果を生み出していく組織になれます）。

5人以上集まる会議で扱うのは、「報連相」のみにする

会議を凡庸《ぼんよう》な意見交換会にしてしまう認知バイアスの罠から脱するためには、次のようなしかけが役立ちます。

- 発言の責任の所在を明らかにするため、1人ずつスピーチする方式にする
- 「内集団バイアス」や「外集団同質性効果」から逃れるため、同じ課ではないメンバーや消費者の立場から意見を言える人にオブザーバーとして参加してもらう
- 大まかな方向性を定めないままアイデアを出すと、いろいろな方向に意見が出て混沌とした状態になるため、最初にお題を出して方向性を決めておく
- アイデア出しが必要な場合、「多数派バイアス」や「多元的無知」、「パーキンソンの

凡俗法則」の働きを弱めるため、事前にアイデアを書いてもらい提出させ、代表の人が意見をまとめて発表するようにする

● 議論を建設的なものにし、参加者を「傍観者効果」の影響下から逃れさせることのできる、社内外の優秀なファシリテーターに司会を依頼する

また、アイデア出しなどの創造的な会議と、報告や情報交換の会議を明確に分けて設定するのも1つの対策です。さまざまな現場に出ているメンバーからの報告、事実の収集の場としての会議は必要ですし、組織を運営するうえで欠かせないものですから、5人以上集まる会議で扱うのは、たとえば報連相のみ。そんなやり方もありかもしれません。

そして、創造的な会議を行ないたいのなら、ファシリテーターとオブザーバーを参加させながら、主体的に発表する側の参加人数を絞り、プレゼン形式をとり入れてみてください。すると、いいアイデアの出る会議が実現する可能性が高まります。

認知バイアスを
味方につけるコツ

大人数で集まる会議は報連相のみ。アイデア出しは人数を絞り司会役・オブザーバー参加のもとプレゼン形式に

27

なぜ、前例は覆しにくいのか？

関連するバイアス――「サンクコスト効果」「コンコルドの誤謬」「確実性効果」

社会に出て何年か働いた経験があれば、「前例を気にしすぎるのはよくない」という言葉を耳にしたことがあるかもしれません。

経済のニュースであったり、本で読んだり、ＹｏｕＴｕｂｅで見たインフルエンサーの発言だったり、さまざまだと思いますが、前例ばかりに囚われるとうまくいかなくなる……というメッセージは何十年、何百年とくり返し発信されています。

でも、人は何度も前例にこだわり失敗しています。

これは裏を返せば、それだけわたしたちが前例を覆すのを苦手としているということです。その背景にあるのは、**「サンクコスト効果（Sunk cost effect）」**と呼ばれる認知バイアスです。[*104] 簡単に言うと、**信じてコツコツと積み上げてきたことがもし間違いだと明らか**

になっても、かけてきたコストが無駄になることを恐れて、いまの行動を正当化しようとする脳の働きです。サンクは沈んだ（sunk）という意味で、日本語で「埋没費用」と言います。これまで信じてきたことが無駄にならないように、たとえまわりから見ると理不尽な選択であったとしてもそれを正当化し、しがみつき続けてしまいます。あまりメリットはないとわかっていても、意地で自分の意見を押し通します。

莫大な開発費を投じたために赤字でもビジネスを続けた超音速機コンコルドの事例にちなんで、別名**「コンコルドの誤謬」（Concorde fallacy）**とも呼ばれています。*105

あともう1つ作用しているのが、1時限目で述べた**「現在バイアス」**の1つ、確実性の高い選択をしてしまう**「確実性効果（Certainty effect）」**です。*106

たとえば、くじを引いて当選したら50万円がもらえるとします。

そのとき、当選確率が変化するとしたら、どれが一番うれしいですか？

（1）95パーセントから100パーセントに上がったとき
（2）70パーセントから75パーセントに上がったとき
（3）30パーセントから35パーセントに上がったとき

（4）0パーセントから5パーセントに上がったとき

多くの人は（1）がうれしいと答えます。**わたしたちは、当選する確率が上がるよりも確実にもらえるほうがうれしい**のです。ただし、この確実性効果がビジネスの現場で強すぎると、「過去の成功体験」に固執してしまい、変化の速い社会では、判断を誤らせてしまうことになります。

たとえば、あなたは世界最大の写真用品メーカーだったアメリカのコダック社を知っていますか？　長年、写真フィルムの市場で世界一の座を守り続けた一流企業です。

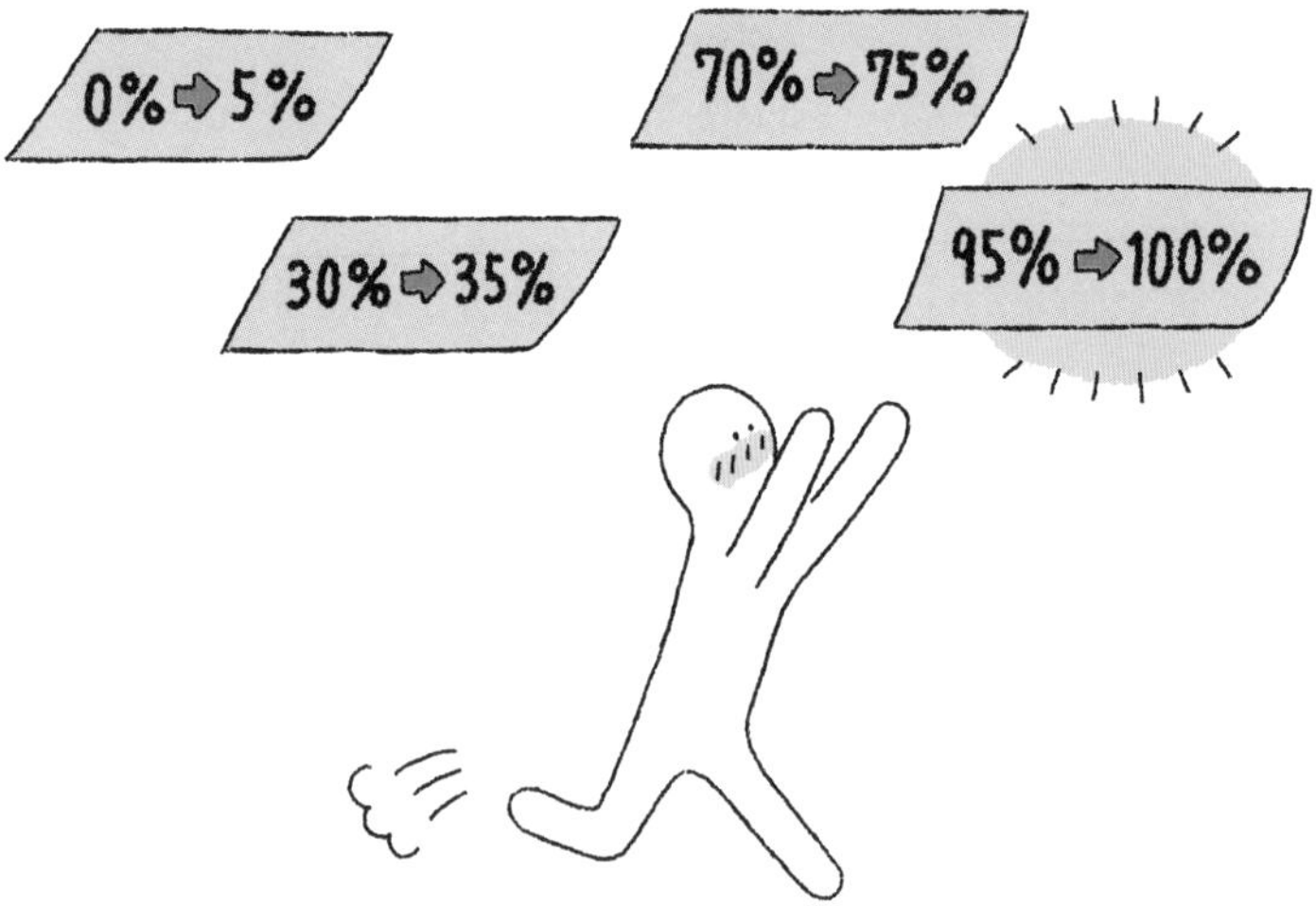

ところが、そんなコダック社は2012年に倒産。いまは規模を大幅に縮小し、主力事業をまったく別の商業印刷に切り替え、経営を再建、再上場しています。世界的な写真用品メーカーが倒産に至ったのは、まさに「確実性効果」の影響によるものと考えられています。

かつて写真のフィルムは、世界でも4社しか製造できない商品で、寡占《かせん》市場でした。なかでもコダックは先進的な技術とマーケティングで世界的なブランドの座を確立。高利益体質の企業として知られていました。

しかし、2000年代に入るとデジタルカメラが登場。あなたの手元にも素晴らしい性能のカメラが搭載されたスマートフォンがあるように、いまやフィルムカメラは限られた人しか使いません。

当然、2000年代を通して銀塩《ぎんえん》式の写真フィルムの市場は縮小に向かいます。もちろん、コダックもただ手をこまねいていたわけではありません。同社は商品化されなかったものの、1975年に世界最初のデジタルカメラを開発しただけでなく、1999年には世界初のデジタル一眼レフカメラを発売。つまり、コダックはデジタル化の潮流を予測し、開発を行なっていたのです。

しかし、ここで「確実性効果」が邪魔をします。

優良企業だからこそ起きた経営陣の判断ミスとは

「フィルム事業で儲かっているのに、なぜ、利益の上がらないデジタル化に手を伸ばす必要があるのか?」と。大きな企業だからこそ、既存の顧客や投資家のニーズを重視しなければならず、リスクの大きい新技術への投資に対して消極的になったのです。

世界初のデジタルカメラを研究開発したように、デジタル化が将来的に大きな可能性のある技術だとわかっていた社員もいたはずです。しかし、経営陣は確実性(現状維持)を選びました。**顧客や投資家が望まない投資行動を排除する論理が優先されたのです。**

その後、遅れに気づいたコダックは企業買収という形で事業の多角化を図りましたが、2012年に倒産しました。この事例は、各国のビジネススクールの教科書にも掲載される世界的な大企業での出来事で、縁遠く感じるかもしれません。しかし、「いまはまだうまくいっているから」「新しいことにチャレンジする時間とお金がもったいないから」という迷いは、わたしたちの仕事、プライベートでもよく経験することです。

「確実性効果」によって行動がマイナスになってしまうことを防ぐためには、日々の生活のなかで、小さな新しいことに挑戦すること。1時限目の**「現在バイアス」**と同様に、通勤経路の道を少し変えて脇道を通ってみる、生花店に寄って自分用にお花を一輪買って飾ってみる、ランチタイムに食べたことのない国の料理を試してみる、店員さんチョイスで新しい服を買ってみる……など、ささやかな一歩でかまいません。

その小さな変化が喜びや驚きにつながって、「確実性効果」を崩すきっかけになってくれるはずです。

認知バイアスを味方につけるコツ

日ごろから小さな新しいことに挑戦し、前例主義に陥らない自分をつくっておく

28

なぜ、頭のいい人ほど選択を誤るのか？

関連するバイアス――「論理バイアス」

論理的にものごとを考え、結論を出すのはよいことです。

いわゆる〝頭のいい人〟は論理的な思考に優れています。論理的思考は、ものごとを体系的に整理し、矛盾や飛躍のない筋道を立てていく力。人間だけに与えられた思考力で、計画を正確に運べる素晴らしい力です。そして、ビジネスパーソンに欠かせない問題解決能力やプレゼン力を支える土台にもなっています。

ところが、論理的思考がマイナスに働いてしまうケースがあります。

それが127ページで解説した「**自己中心性バイアス**」や1時限目で解説した「**現在バイアス**」が強いときです。つまり、わたしたちは自分のためやいまの利益のことばかりに

「論理的思考」を使ってしまうとき、視野が狭くなり、本来あるべき方法を見失ってしまったりするのです。

たとえば、あなたが船を売っている会社の社長だとします。ある日、3000万円の船に興味をもったお客さまが来店しました。でも相手は手もちの現金が2400万円しかありません。あなたは事業の存続のためにも一刻も早く3000万円が必要な状況です。こんなとき、あなたは相手にどう提案するでしょうか？

普通に（論理的に）考えると、「2400万円は現金で、残りの600万円は金融機関でローンを組んでもらう」というのが一番効率的です。しかし、相手がどうしても予算を超えて支払いをしたくないという場合は、買ってくれないかもしれません。

これは実際にあった話ですが、ある船会社の経営者は、正直少し損はしますが、現金だったら特別に2400万円でいいですよ（600万円はサービスしますよ）と伝えたそうです。すると、相手は大喜び。その結果、まわりの船の所有者にも会社を紹介してくれて、結果的に船が5台も売れたそうです。

ときとして論理的な思考よりも、相手のためにという思いが、思いがけない形で自分にプラスになって返ってくることがあるのです。

しかし、わたしたちはこのことを知らないため、論理的に考えさえすれば大丈夫だと思ってしまいます。

わたしはこの論理重視主義の傾向を**「論理バイアス（Logical bias）」**と呼んでいます。「なぜ、頭のいい人ほど選択を誤るのか？」という状況を引き起こします。自分の成功体験と経験から導かれる「論理的な正しさ」に知らないうちに縛られてしまうのです。

ビジネスでは、いいことばかりではなく困難に遭遇することが多々あります。**とくにストレスが多く圧倒されるような環境に遭遇すると、脳は先を見据えて行動するよりも短絡的な視点となり、低い次元の方向に向かいやすくなる**という研究結果も出ています。[*107]

そんなときに、論理的に考えすぎてしまうと、脳は自分を守ろうとして、**「自己中心性バイアス」**まで加わるため、自分だけにメリットがあるような行動をしたり、ビジネスを長期的に発展させる思考になりにくくなってしまいます。お客や取引先が離れてしまう可能性もあるかもしれません。

認知科学者のゲルド・ギゲレンザー氏は、意思決定するとき不確実性が高いなら「論理思考よりも直感のほうが正しい」とも述べていますが、149ページで述べたように「直感バイアス」に従ったほうがベストな選択ができることがあります。

こうした**「論理バイアス」の罠に陥らないためには、よくない方向に行っていると感じたら考えることを一度やめてみること**です。

論理的に考えたあと、休憩を入れると、脳はデフォルトモード・ネットワーク（DMN）という状態になり、情報を整理したり、統合してくれる性質があります。

雲をボーッと見たり、散歩したり、入浴するとよくアイデアが出てくることがありますが、これがまさにデフォルトモードです。「少し」＋「止まる」と書いて、「歩む」という文字になりますが、少し休むことが前進につながります。

実際、うまくいく人ほど、息抜きをすることがうまいことがわかっています。視点を内側（自分側）から外側に向けることが有効です。

新らしいアイデアを出すために、休日に川や海、山など、豊かな自然環境に身を置くのも効果的です。論理で考えがちな脳をクールダウンさせると、視点が外に向かいます。実際に3日間、スマホなどに触れずに自然のなかで過ごすと創造性や問題解決力が50パーセント高まることも報告されています。[*108]

出張の新幹線や飛行機のなかなど、移動中にいいアイデアが浮かびやすいのも同じしくみからです。体を動かし、目に見える景色を変えると、自分の内側に向いていた視点が自然と人のためや外側に向かっていくようになります。

認知バイアスを味方につけるコツ

よくない方向に行っていると感じたら、休憩を入れる。自然など新しい環境に触れてみる

5

時限目

お金にまつわる認知バイアス

貯まらないのなぜ？
ダマされるのなぜ？

29

1万円札より1000円札10枚のほうがすぐに使っちゃうのなぜ？

関連するバイアス――「額面効果」

ニューヨーク大学の研究チームが、こんな実験を行なっています。

実験に協力してくれる学生を2つのグループに分け、一方には25セント硬貨4枚（1ドル）、もう一方のグループには1ドル札を1枚与えました。そして、それぞれのグループに「お菓子を買ってもいい（買わなくても可）」という指示を出します。

すると、25セント硬貨を渡されたグループのうち、63パーセントの人がお菓子を購入。しかし、1ドル札のグループでは26パーセントの人しか、お菓子を買いませんでした。

研究チームがこの実験で確かめようとしていたのは、**「額面効果（Denomination**

effect)」と呼ばれる認知バイアスです。[*109] これは、**人は小さい額面の紙幣や硬貨だとお金を気軽に多く使ってしまい、額面が大きい紙幣だと慎重になり、使う額が減るという傾向。**

わたしたちの脳は、額が同じ1万円でも1万円札1枚と１０００円札10枚では直感的に1万円札の価値が高いととらえ、貴重に感じるのです。

もし、あなたが無駄遣いを減らしたいと考えているなら、財布のなかに高額紙幣だけを入れるよう心がけると、無意識のうちに崩したくないという心理が働き、無駄な消費を踏みとどまれる確率が上がります。

逆に「額面効果」の働きをよく理解しているのが、カジノやゲームセンターです。

海外のカジノでも、国内のゲームセンターでも、遊ぶためには紙幣や硬貨を店舗オリジナルのチップやコインに交換する必要があります。

たとえば、アメリカのカジノでは20ドル札が1枚5ドルのカラフルなプラスチックのチップ4枚に。カフェで5ドルのカフェラテを買うのを「高いかな……」と迷う金銭感覚のもち主でも、プラスチックのチップを手にしてギャンブラーになった途端、ゲーム感覚で出費を増やしてしまうのです。

これはカジノのチップやゲームセンターのコインを使うとき、紙幣を店員さんに手渡すような「お金を使っている現実感」が乏しいから。**お金を失った痛みがなく、我に返ったときには想像以上の金額が出ていってしまう**のです。

電子マネー、スマホ決済は金銭感覚をルーズにさせる

同じ心理は、クレジットカードや電子マネーでの買いものにも当てはまります。とくにスマートフォンと一体化した決済システムは危険です。

紙幣や硬貨に触れることなく支払いが済み、オートチャージ機能の設定をしていれば知らないうちに使える額が補填《ほてん》されます。

たしかに、クレジットカードや電子マネーには、現金をもち歩くリスクを避けられる、お金を下ろす手間が省ける、支払時の時短になる、ポイントが貯まりやすい、感染症対策になるなど、いろいろなメリットがあります。しかし、**「額面効果」的に言うと、金銭感覚がルーズになる可能性が高い**と言えるでしょう。

対策としては、各支払いに応じて、予算化することをおすすめします。

毎月の食費、交際費、交通費など、各費目に分けて現金を用意し、封筒に入れます。食費は5万円と決めたら、1万円札を5枚。そこから**1万ずつ財布にうつして使うことで、お金が減っていく痛みが可視化され、無駄遣いが減っていきます。**

また、利便性の面から電子マネーを活用したいときは、オートチャージ機能を使わず、毎月の上限金額をあらかじめ決めておきましょう。

クレジットカードや電子マネーが使いすぎにつながるのは、いくら使えるかの上限が見えにくく、ここまでいくら使っているかが把握しづらいからです。

だからこそ、大事なのは、予算化と見える化。

古くから家計の専門家の方々が提唱されている節約のテクニックには、認知バイアス的に見ても理にかなった理由があるのです。

認知バイアスを味方につけるコツ

お財布には高額紙幣だけを入れ、電子マネーは上限金額を決め、毎月支払いを予算化

30

なぜ、1年後の11万円より いまの10万円を選んでしまうのか？

関連するバイアス――「双曲割引」「現在バイアス」

いきなりですが、次の2つの質問に答えてください。

質問1

①365日後に10万円もらう

②366日後に11万円もらう

質問2

①いま、10万円もらう

②1年後に11万円もらう

さて、あなたは「①と②ではどちらを選びますか？」と聞かれたら、それぞれの質問にどう答えますか？

これは**「双曲割引（Hyperbolic discounting）」**[*110]と呼ばれる認知バイアスを理解するために、よく使われる質問です。そして、ほとんどの場合、質問1では②が選ばれ、質問2では①が選ばれます。

どちらにしても待てば労せず1万円多くもらえる設定です。単に額だけで選ぶのであれば、答えはどちらも②になるはず。ところが、質問2では①を選ぶ人が圧倒的多数です。1年後の1日は待てても、目先の10万円の前では1万円を待てなくなってしまいます。

ここで同時に働いているのは、5大バイアスの1つである**「現在バイアス」**です。**わたしたちの脳は現在を優先し、近い将来と遠い将来の価値を比べるとき、遠い将来の価値を割り引いて感じとってしまう傾向があるのです。**

ところが365日後という遠い将来の価値と、366日後の遠い将来の価値を比べた場合、同じ遠い将来ということでそれぞれの価値がほぼ同じように割り引かれてしまうため、単純に1万円のメリットを冷静に損得で判断することができます。

この不思議な認知の歪みが「双曲割引」で、わたしたちの脳はいますぐに得られる利益を最優先するようにできているのです。

ですから、「双曲割引」の働きが強いタイプの人ほど、目先の誘惑に惑わされやすく、計画的に行なうべきことをあと回しにしてしまいがちになります。典型的なのは、ダイエットです。

ダイエット中なのに目の前のケーキを食べてしまう理由

たとえば、ダイエットの計画をするとき、ほとんどの人は「自分はケーキを食べない」と思います。なぜなら、遠い将来の価値は「双曲割引」で割り引かれるため、「ケーキを食べる価値」と「理想の体型になる価値」がそれぞれ割り引かれてほぼ同じ価値となるからです。だったら「理想の体型になろう」と思えるのです。将来10万円と11万円をもらえるなら、11万円をもらったほうがよいと思う状態とまったく同じです。

しかし、**実際にケーキを目の前にしたときは、「ケーキを食べること」の価値は現在なのでまったく割り引かれません。一方、「理想の体型になること」は将来になるため、価**

「双曲割引」で将来の価値が下がる

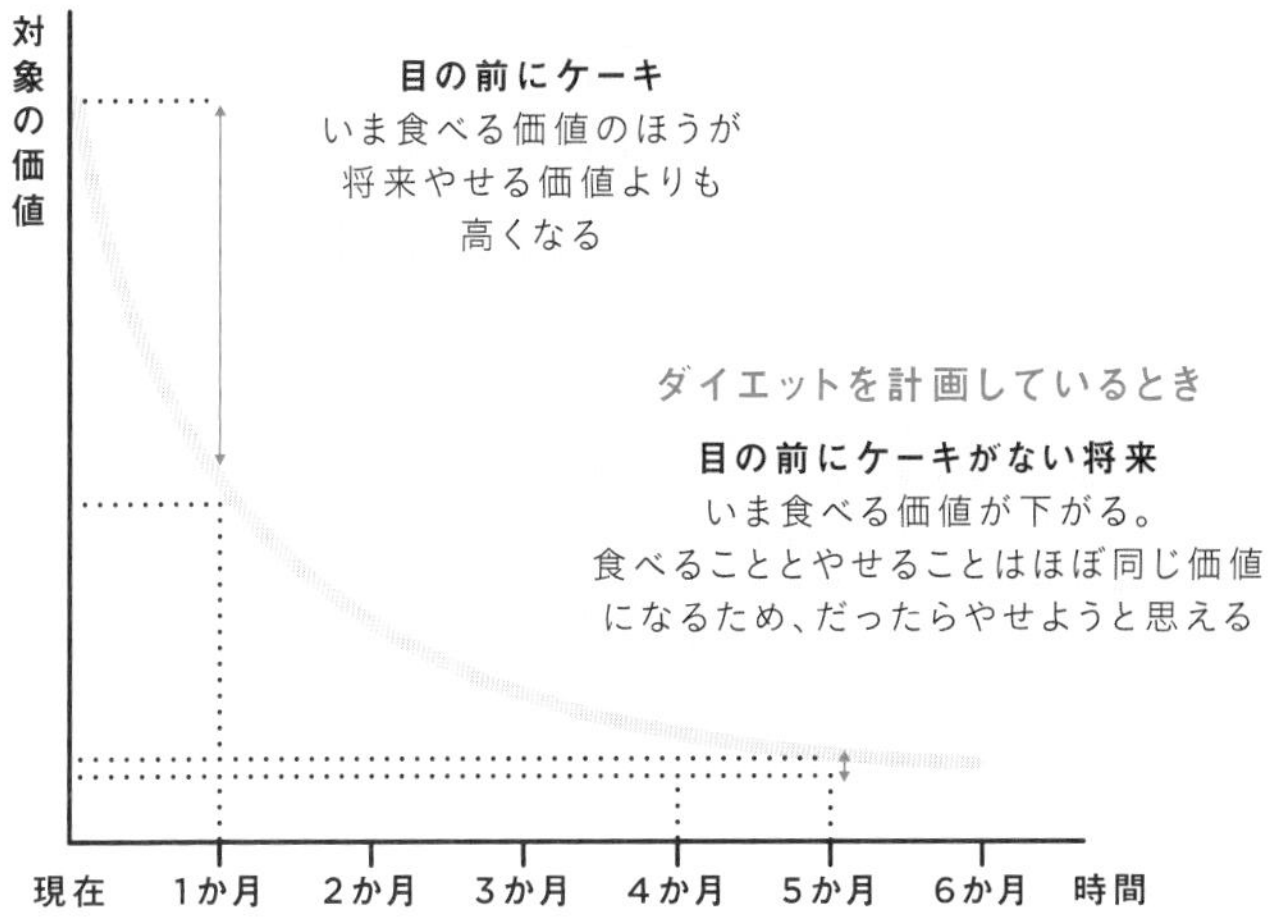
対象の価値
目の前にケーキ
いま食べる価値のほうが
将来やせる価値よりも
高くなる
ダイエットを計画しているとき
目の前にケーキがない将来
いま食べる価値が下がる。
食べることとやせることはほぼ同じ価値
になるため、だったらやせようと思える
現在
1か月
2か月
3か月
4か月
5か月
6か月
時間

値が割り引かれてしまいます。その結果、グラフにあるように、どうしてもケーキを食べることのほうが魅力的になってしまうのです。そして、「ダイエットは明日から」とパクリ。現在の価値を優先してしまいます。

「双曲割引」は言い換えると、いますぐ得られる利益を優先してしまう傾向と言えます。そのため、「双曲割引」の程度が強いほど、がまんすることが苦手です。

そして、この**「双曲割引」**は、**貯金ができない人も働きが強い傾向**があることがわかってきています。

たとえば、2018年の退職時の貯金額を調べたリサーチでは、「双曲割引」の認知バイアスが強い人は平均的な人に比べて、65歳のときの貯蓄額が約1万9000ドル（日本円で当時、約270万円）低いことが報告されています。[*111]

いまお金を使うことの魅力のほうが大きいため、将来のために貯蓄することができなくなってしまうのです。

現在の自分と将来の自分のつながりを強くイメージする

「双曲割引」の働きをやわらげるには、**現在の自分と将来の自分のつながりを強くイメージすることが**役立ちます。

とくに**お金の分野で貯蓄ができない人の特徴は、将来の自分と現在の自分があまり同一化できないことが**原因であることがわかってきているからです。[*112]

つまり、将来の自分を想像したとき、他人のように感じてしまっています。一方で**貯蓄できている人は、将来の自分は自分の一部だというイメージが**あることが最新研究でわかってきています。

将来の自分とのつながりを強化する方法としては、まず将来の自分をイメージしてみることです。

10年後、20年後、30年後、あなたはどんな服を着ているでしょうか？　どんな場所に住んでいるでしょうか？　どんな人とつき合っているでしょうか？　お金に関して、どのように考えているでしょうか？　そして、もしその将来の自分が、いまの自分にアドバイスしたいことがあるとしたら、なんと伝えたいでしょうか？

そういったことをイメージするだけで、将来の自分と現在の自分のつながりをつくることができるため、「双曲割引」を抑えることができます。

人によっては、将来の自分からいまの自分への手紙として、紙に書き出してもいいでしょう（英語版のみではありますが、「フューチャーミー」というサイトを使うと未来の自分に手紙を書くことができるようです）。自分との対話を文章にし、書き起こすことで現在と未来のイメージがつながっていきます。

認知バイアスを味方につけるコツ

将来の自分がいまの自分にアドバイスするとしたらなんと伝えたいかを考えてみる

31 タダでもらうより、がんばった結果もらったほうがうれしいのはなぜ？

関連するバイアス――「コントラフリーローディング効果」「イケア効果」

日本には「若いときの苦労は買ってでもせよ」ということわざがあります。がんばること、苦労することが後々の人生の価値になるという考え方です。一見、とても日本的な感覚に思えますが、じつは英語圏にも「Heavy work in youth is quiet rest in old age.（若いときの重労働は老いての平穏）」、中国にも「宁吃少年苦　不受老来貧（若いときの苦労は老いてからできない）」という言い回しがあります。

どうやら若いときの努力と苦労は成長に役立つという考え方は万国共通のようです。こうした認知の仕方は**「コントラフリーローディング効果（Contrafreeloading effect）」**と呼ばれます。*113

「コントラ」は「逆」、「フリーローディング」は「労せず手に入れる」という意味で、

「何もしないで手に入れた利益よりも、何かをして手に入れた利益のほうが幸せに感じる」という脳の性質です。

じつはこの「コントラフリーローディング効果」はもともと動物実験で発見された現象です。その実験では、ネズミに2種類の方法で餌を与えました。

① 餌をそのままお皿にのせておく

② レバーを押すと餌が出てくるようにする

餌は同じものを使用し、どちらの状態でもネズミは好きなときに食べることができます。本来ならば、皿に置かれた餌のほうが簡単に食べられるので、①を選択するはずです。ところが、ネズミはそのまま食べるよりも、レバーを押して餌を食べたがるのです。

つまり、**ネズミにとっても苦労せずに快感を得るよりも、少し手間がかかったほうが得られる快感が大きい**と考えられます。もちろん、ネズミに直接聞けるわけではありませんが、自分で意思決定して、装置を動かし、餌を得る達成感が脳をより刺激するのでしょう。

脳は、手間をかけたぶん、喜びが増すようにできている

また、これは海外の事例ですが、水を加えて焼くだけでできあがるホットケーキミックスを売り出したメーカーがありました。その手軽さからヒット商品になると予想していましたが、実際の売れ行きはいまひとつ。

そこでメーカーは商品をリニューアルしました。消費者がホットケーキミックスに自分でタマゴを割って入れ、牛乳を注ぎ、かき混ぜてから焼く工程を加えたのです。すると、商品は大ヒット。自分の手を動かすことで、商品に対する愛着が増し、リピーターが増えたのです。これもまた「コントラフリーローディング効果」の一例だと言えるでしょう。

また家具のイケアが世界的に大ヒットしたのも、組み立てる工程が消費者の心をとらえたとも言われており、別名**「イケア効果（IKEA effect）」**とも言われます。[*114]

同じ認知バイアスは所属する団体に対しても働きます。ある団体に所属するとき、希望すれば誰でも入会できる場合と、厳しい審査や試練を経て仲間入りできる場合、わたしたちは後者に愛着を感じてしまいます。仮にその審査や心理が、根拠のない無駄な手続きで

あっても、なんらかの入会基準があったほうが、入会後の帰属意識は強くなるのです。

わたしたちの脳は、手間をかけたぶん、喜びが増すようにできています。ですから、豊かな資産を築き、仕事をせずにリタイア状態で生きるよりも、社会とかかわりながら活動しているほうが幸せを感じられるのです。

仕事のあとのビールやスイーツといったご褒美がうれしいのは、その前に費やした労力があるからこそ。

自らの意思で働くこと、仕事をすること、稼ぐことは、それ自体がわたしたちの幸福感を支えてくれているのかもしれません。

余談ですが、この「コントラフリーローディング効果」は、ほかの多くの動物たち、イヌやサル、トリやサカナに至るまで、動物界にほぼ共通してみられる現象です。ただし、世の中で唯一例外の動物がいます。それがネコでした。ネコだけは装置を押すよりも、労せず食べられる皿に置いてある餌を好むようです。*115

認知バイアスを味方につけるコツ

ちょっとした手間が幸せを増やしてくれることを意識してみる

32

人はなぜ、保険に入るのか？

関連するバイアス――「インパクトバイアス」「誇張された予想」

生命保険から健康保険、海外旅行、自動車や火災保険、傷害保険まで、わたしたちはたくさんの保険商品に囲まれて暮らしています。

保険の歴史をひも解くと、諸説ありますが、その起源は古代ギリシャまでさかのぼるそうです。記録に残っているのは紀元前2250年ごろ、バビロン王ハムラビの時代に隊商（キャラバン）の間に保険と似たようなとり決めがあったとされています。

その内容は「資金を借りて出発した隊商が災害に遭ったり、盗賊に襲われたりして荷を失った場合、損害は資金を貸した者が負う」というもの。これが保険の考え方のはじまりだそうです。

実際、あなたはいま、何か保険に加入しているでしょうか？

ライフプランの専門家であるファイナンシャルプランナーも意見はそれぞれで、「十分な預貯金があれば保険はいらない」とアドバイスする人もいれば、「いざというときの備えとして安心を買いましょう」と加入をすすめる人もいます。

ただ、生命保険文化センターの「生活保障に関する調査」（令和元年度）によると、日本で生命保険に加入している人は男性で81・1パーセント、女性で82・9パーセント。8割以上の人が生命保険に加入しているのは、世界的に見てもめずらしい水準だそうです。

合理的に考えると必要なさそう……でも、もしかして……と。

保険商品を検討するとき、心をよぎるのが一抹《いちまつ》の不安です。その不安をどう評価するか。その判断に深くかかわってくるのが、5大バイアスの「プライミング効果」の派生型である「**インパクトバイアス（Impact bias）**」です。*116

これは「**将来、経験するかもしれない出来事の心理的な衝撃や痛みを過大に推測してしまう傾向**」です。ところが、実際にことが起こってみると、人は思っていたほどのダメージは受けません。「インパクトバイアス」について研究するバージニア大学の研究チームがこんな調査を行なっています。*117

就職面接に参加した人を対象に、自分の状態を予測してもらいました。1つが採用か不採用かを知った直後の状態、2つ目がその結果を知った10分後の状態です。そして、調査では就職面接のあと、全員に不採用を知らせる手紙が渡されます。その知らせを受けたあと、全員にいまの気もちと幸福度を聞き、さらに10分後の幸福度を調べてみました。

その結果、全員が当初の予測よりも、10分後には思っていたほどショックを感じていなかったのです。

わたしたちには自分を守るために自分の感情の状態を安定化させようとする「心理的免疫」という機能があります。しかし、わたしたちの意識はそれを無視して自分の感情を過剰に予測してしまうのです。

不安に着目し、「もしかしたら……」の想像を広げてしまう

保険について考えるとき、わたしたちは不安に着目し、「もしかしたら……」の想像を広げてしまいます。これは**「誇張された予想（Exaggerated expectation）」**と呼ばれる認知バイアスです。[*118] しかし、統計学が「世界は予想よりも普通で、心配事は起こらない」ということを教えてくれます。

たとえば、火災保険で考えてみましょう。実際、平成30年の日本での出火件数は約3・7万件でした[*119]。それに対して日本の住戸件数が全部で5759万戸。1年間で火事になる可能性を調べると、0・06パーセントになります。かなりの低い確率です。

さらに、出火の原因を見ると、1位はたばこ、2位はたき火、3位はコンロ。ですから、たばこを吸わず、たき火もしない人が火災に遭う確率はもっと低くなります。

それでも火災保険に入るべきかどうか。ここから先の判断は個人の自由ですが、不安や恐れと関係した商品選びには少なからず「インパクトバイアス」と「誇張された予想」が影響を与えます。

その点を忘れず、客観的な数字を確認してから判断を下すほうがいいかもしれません。とくに大きな不安に影響されて、過剰に高い保険に入ったり、複数の重複する保険に入っている人もいますので、認知バイアスに影響されていないか、注意してみてください。

認知バイアスを味方につけるコツ

その保険は本当に必要なのか？　客観的な数字を確認してから判断を下す

33

なぜ、多くの個人投資家は損切りが苦手なのか？

関連するバイアス――「ディスポジション効果」「プロスペクト理論」

あなたは株式投資や投資信託など、資産運用をしていますか？

日本でも金融庁の「貯蓄から資産形成へ」という呼びかけや、つみたてＮＩＳＡ（少額投資非課税制度）やｉＤｅＣｏ（個人型確定拠出年金）といった制度の拡充もあって、投資をはじめる人が増えてきています。

そこで、必ず話題に上るのが「損切り」についてです。

保有している株の株価が上がっているとき、長期の投資と決めているとき、運用中の個人投資家の心は穏やかですが、株価が下がって含み損がはじまると誰もがそわそわ落ち着かなくなります。

とくに短期の売買で利益を出そうと運用していた場合、損がふくらんでいく状態は心理的にも、経済的にもマイナスです。そこで、投資のアドバイザーたちは「株価の下落率、含み損の額など、自分なりに一定のルールを決めて、含み損がそこに達したときは損切りをしましょう」とアドバイスします。

損切りは、保有している株の価格が下がったとき、売却して損失を確定することを指します。損失を抑え、売却によって得た現金で新たな投資を行なうための手法です。

とはいえ、株式投資では買うよりも売るときが難しいと言われます。実際に売買を経験すると実感しますが、株価が上がり、含み益が出ていると欲が出ますし、もっと増える可能性を考えてしまい、売って利益を確定する決断がなかなかできません。

逆に株価が下がり、含み損を抱えていると、「待っていれば株価が回復するかも」「売って損を確定させたくない」「でも、これ以上下がって損がふくらむのはつらい」「売ったら、上がるかもしれない」「そもそもこの銘柄を買ってしまった自分の判断を否定するようで、売れない」など、さまざまな思いが心をよぎります。

こうした心の葛藤を生み出しているのは、**「ディスポジション効果（Disposition effect）」**[*120]と**「プロスペクト理論（Prospect theory）」**[*121]という2つの認知バイアスです。

わたしたちの脳は、同じ額でも得よりも損に強い痛みを感じる

ディスポジションとは、「処分」という意味で、投資の世界では「将来性がないにもかかわらず、含み損のある株が売れない心理」を表す言葉として使われています。

一方、「プロスペクト理論」は「ディスポジション効果」のもとになっている認知バイアスで、投資・運用にかぎらず、**わたしたちの脳には「得よりも損を重要視する」傾向がそなわっています。**これは生き残るために必要な認知バイアスで、若いときのほうが「損をしたくない気もちが強い」こともわかっています。

次ページの図は「プロスペクト理論」の感情の動きを模式化したものですが、**5000円得したときの喜びよりも、5000円損したときの痛みのほうを強く感じます。**そして、その痛みがわかっているから、損失を確定させるのを避けたいと「ディスポジション効果」が働きます。

とくに株式投資の場合、売買を確定させないことで失敗を先延ばしにすることができますし、銘柄によって先延ばしにしている間に株価が好転する出来事が起き、含み損がなく

わたしたちの脳は得よりも損を重視する

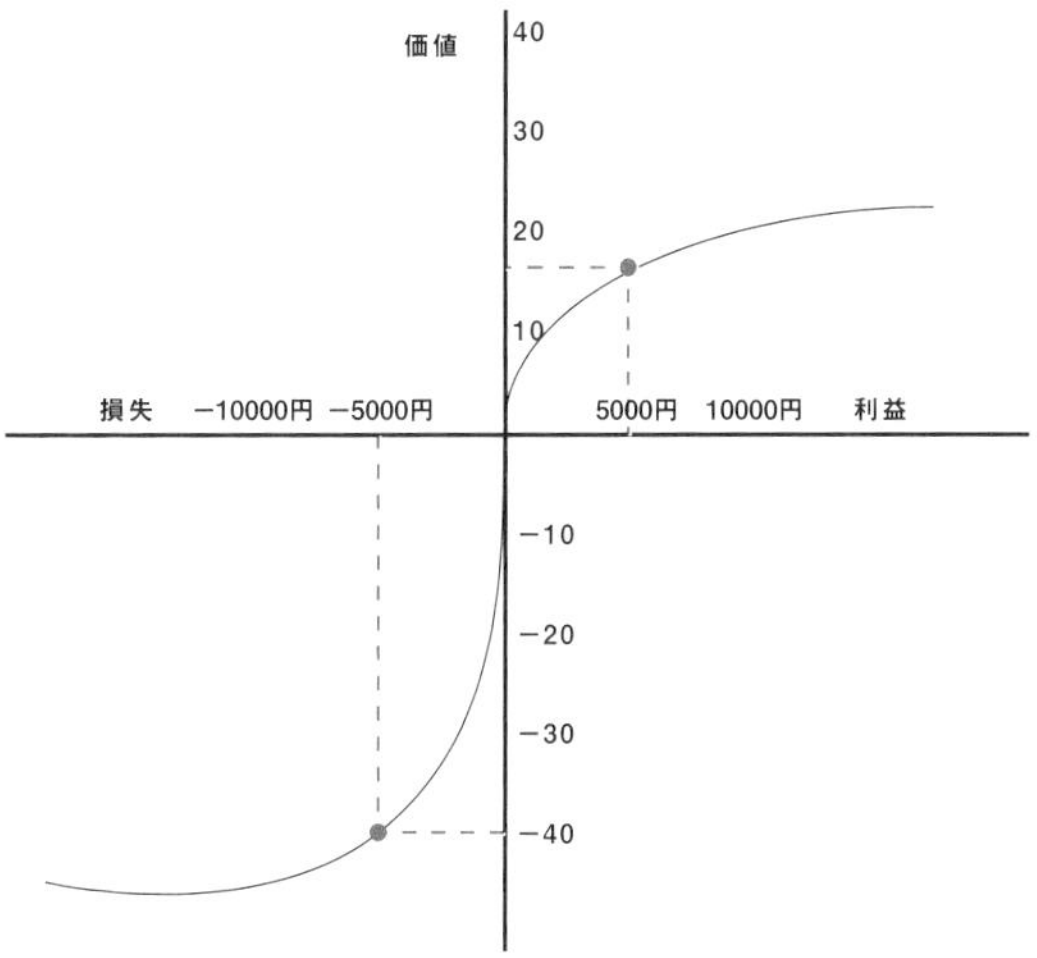

なるケースもあるわけです。
結果、多くの個人投資家が「損切り」が苦手になっていくのです。

では、どうすればロジカルに判断し、よりひどい痛手にならないうちに損失を確定できるようになるのでしょうか。
カギを握っているのは、自分が納得できる形でのルール設定と、先延ばしにした場合の具体的な将来を想像することです。これを専門用語で「プレコミットメント」と言います。[*122]

- 株価が○%下落したら、損切りする
- 損失が○円に達したら、損切りする

感情とは別に機械的に決断できるルールをつくります。それでも先延ばしにしてしまいそうになったら、このまま放置した場合に失うものを具体的に書き出し、想像しましょう。

- ○円の投資資金が塩漬けになり、投資機会を失う
- 1年後、さらに含み損が増えている可能性がある
- この先、気もちがモヤモヤした状態が続く

書き出したマイナスが具体的であればあるほど、「ディスポジション効果」の働きがやわらぎ、本来、とるべき行動が選択しやすくなります。

認知バイアスを味方につけるコツ

損切りする場合のルールを決めておく。損切りしなかった場合に失うものを具体的に書く

34

なぜ、詐欺師にだまされてしまうのか？

関連するバイアス——「確証バイアス」「権威バイアス」「正常性バイアス」

日ごろ、使っているネット通販サイトやクレジットカード会社を装ってパスワードなどの個人情報を入力させるフィッシング詐欺メール、利用したこともないサービスに対する利用料を請求する架空請求詐欺メールなど。近年、こうした類いのメールが世の中にはんらんしています。

SNSなどを通じてネットワークビジネスや怪しい投資ビジネスへの勧誘を行なう詐欺師も増加。わたしたちはいま、過去に類を見ないレベルで詐欺の被害に遭いやすい環境を生きているのかもしれません。その一方で、あなたはこんなふうに考えてはいませんか？

「自分は大丈夫」

「詐欺メールや怪しい投資詐欺のニュースを見て知っているから、引っかかるわけがない」

たしかに今日までは大丈夫だったかもしれません。でも、フィッシングメールや詐欺的な勧誘にだまされた人たちも同じように考えていたはずです。

多くの人は「世の中には詐欺がある」とわかっているのにだまされてしまう。その背景には、少なくとも次の3つの認知バイアスがあります。

- **「確証バイアス」**……自分がすでにもっている先入観や仮説を肯定するため、自分にとって都合のよい情報ばかりを集める傾向
- **「権威バイアス」**……社会的な権威があると、それを信じてしまう傾向
- **「正常性バイアス」**……異常な状態にいるにもかかわらず、それを正常だと認識することで強いストレスを感じないようにする傾向[*123]

フィッシングメールを受けとり、ついだまされてしまうときに影響しているのは「確証バイアス」や「権威バイアス」です。

世界的な通販サイト、大手の金融機関、クレジットカード会社などの企業ロゴやアイコンを見て「これは本物だろう」と思うと、「確証バイアス」でそれらしく見えてきます。さらにその会社から**「手続きをしないとサービスが停止になる」と権威をかざされると、「権威バイアス」の力で思わずクリックしてしまう**のです。

巧妙な手口の詐欺ほど、被害者に「大丈夫」と思わせる

また、だまされていく過程で働くのが「正常性バイアス（Normalcy bias）」です。

異常な状況かも……と感じながら、そんなはずはないから大丈夫、と。「正常性バイアス」の働きで、わたしたちはそう考えてしまいがちです。しかも、その過程で安心できる出来事があると、その事実にすがってしまいます。

たとえば、少し怪しいと思いながらもはじめてしまった詐欺的な投資商品。不安に思いつつも「自分は大丈夫」と励ますうち、一度、二度目は配当金が振り込まれます。こうして**何回か「やっぱり大丈夫」という経験をすると、わたしたちは相手をさらに信用してしまう**のです。

巧妙な手口の詐欺ほど、被害者に「大丈夫」と思わせる機会を増やしてきます。高級ホテルのラウンジでの待ち合わせ、「あなただけに特別な」といった説明の話法、「誰々もやっています」という著名人の紹介、「わたしも儲かった」という実績の披露……。だます側は認知バイアスをよく知ったうえで、詐欺的手法を練り上げているのです。

ですから、こうした詐欺被害を避けるには「絶対」や「自分は大丈夫」という考えをもたないこと。むしろ、「自分もだまされる可能性がある」「素直でだまされやすい性格かもしれない」と自覚しておくのが大切です。

そのうえで、詐欺の手口を紹介する情報番組などをチェックして、実際のやりとりを知っておきましょう。また、だまされた被害者の方の痛切な告白に耳を傾け、痛みに共感していきましょう。自分がだまされそうになったとき、その疑似的な体験がブレーキとなってくれることもあるでしょう。

認知バイアスを味方につけるコツ

自分もだまされる可能性があると自覚し、詐欺の手口を知っておく。被害者の話を聞く

35 なぜ、高齢者はオレオレ詐欺に引っかかるのか？

関連するバイアス――「楽観主義バイアス」「誤信の継続的影響」

「もしもし、俺だけど。携帯電話を落として番号が変わった。風邪を引いて声が変わっている」

こうした1本の電話からはじまって、「事故を起こした」「取引先の商品をダメにした」などの理由から「お金を振り込んでほしい」「関係者がとりにいくから急いでほしい」と展開していくオレオレ詐欺。

ここ10年で被害が広がり、各都道府県の警察や法務省などが注意喚起に力を入れているものの、高齢者を中心にだまされてしまう人は後を絶ちません。年間の総被害額もピーク時の565億円から減ってはいるものの、282億円（2021年、警察庁調べ）と巨額です。

オレオレ詐欺をはじめとする特殊詐欺の被害者に高齢者が多いのは、137ページで述べた**「楽観主義バイアス」**と関係しています。このバイアスは「自分には悪いことは起こらない」「不安よりも安心や楽しさを感じていたい」と考える傾向で、この傾向は若いころよりも年齢を重ねたあとのほうが働きが強くなっていきます。

また、高齢になるほど、損失を回避する**「ネガティビティバイアス」**が弱まるため、お金を支払うことの痛みを感じにくく、それよりも「いま安心したい」気もちが強くなるということとも関係しています。[*124]

ましてやオレオレ詐欺は劇場型の犯罪。本人の告白のあと、にせの上司や事故の当事者、にせの取引先の顧問弁護士、ときにはにせの警官まで登場し、電話をとった被害者にリアリティのあるストーリーを吹き込んでいきます。

その結果、自分の子どもや孫の窮地を知った高齢の親御さんたちは、助けたいと思う一心で動いてしまうのです。実際に2022年の最新研究では、高齢になるほど人とのつながりを感じるときに分泌される幸せホルモン「オキシトシン」が増えることがわかっています。[*37] **とくに1人暮らしの高齢者は他者を助けてあげたいという気もちがいっそう強まる**可能性があります。

　また、オレオレ詐欺は被害が表面化しにくい犯罪とも言われています。これは被害者が「何かおかしいな……」と思いながらも、「被害に遭った」と気づかないままでいるケースが多いからです。

　この心理に影響しているのが、**「誤信の継続的影響（The continued influence of misinformation）」**という認知バイアス[＊125]。これは「間違った信念が、訂正されたあとも持続する傾向」で、詐欺を示す新しい証拠が示されても「わが子を助けた」という考えがなかなか修正されない原因になっています。

　オレオレ詐欺とは異なりますが、自己破産するまで新興宗教へお布施《ふせ》をしてしまい、家族関係も破綻してしまったのに信心が揺らが

ない信者の人、一度、だまされたのにまた似たような詐欺に遭ってしまう人。こうした人たちもまた、「誤信の継続的影響」によって動かされているのです。

ちなみに**オレオレ詐欺の被害に遭わないためには、事前にリハーサルをしておくことがおすすめです**。こういうことが起きたら、こういうふうな行動をするということをイメージしておきます。[*96]

じつは、オレオレ詐欺はわかっていても、いざとなったら振り込んでしまうという高齢者が多いのですが、これを防ぐためにたとえば貼り紙をしたりしても100パーセント防げません。

人は、イメージしないことは、行動できないものです。だから、まずはリハーサルしておく。スポーツのイメージトレーニングと同じように大事な習慣です。

認知バイアスを味方につけるコツ

振り込むときに必ず銀行の人に確認するということをイメージするリハーサルをしておく

36

「このビジネスモデルを学べばあなたも億万長者」のうたい文句に飛びつくのなぜ？

関連するバイアス――「擬似確信効果」「衰退効果バイアス」

「このビジネスモデルを学べばあなたも億万長者」

「何もしなくても手軽に高収入ゲット」


そんなタイトルのSNS広告やダイレクトメールが届いたら、あなたはどうしますか？

なんとも怪しげで、実際は裏があるんじゃないか、高額のノウハウを売りつけられる可能性もあるのでは？　など、疑問に思う人や無視する人がほとんどでしょう。

でも、あなたの収入が不安定で明日のお金にも困っている状態、藁《わら》にもすがりたくなるような思いで困っていたら、どうでしょうか？　わたしたちは同じ出来事でも、状況が変わると受けとり方が変わってしまうことがあります。

わたしたちは新しいことをはじめたとき、不安を感じやすいものです。とくに起業したての人やフリーランスになったばかりの人はその傾向があります。

わたしも30代前半で会社をつくりましたが、それまで身を置いていたのが公務員や大学の世界でした。お金は勝手に振り込まれるというのが当たり前でした。

しかし、独立したら、その環境は一変。自分でお金を稼がなければ、生きていくことができません。そんなとき、人はおうおうにして不安を感じます。

そんなときに「ラクして稼げる」的な情報を見ると、わたしたちはつい情報に頼ることで自分の弱さを埋めようとしてしまうのです。

こうした心の動きをつくり出しているのは**「擬似確信効果（Pseudocertainty effect）」**という認知バイアスです。[*126] これは「意思決定において、実際には不確実であるのに、結果が確実であると認識してしまう傾向」のこと。

先ほどの例で言えば、普段はすぐに「うさんくさい」と見抜くことができるのに、ビジネスがうまくいっていない不確実な状況にいたことで、リスクのある怪しげな話に「もしかして……」と興味をもってしまうのです。

この「擬似確信効果」については、２００５年に行なわれた興味深い実験があります。[＊127]
研究チームは実験の参加者に「１００パーセントの確率で30ドルもらえる」のと「80パーセントの確率で45ドルもらえる」としたら、どっちを選ぶかを聞きました。すると、次のような結果になりました。

（1）１００パーセントの確率で30ドルもらえる　↓　74パーセントの人が選択
（2）80パーセントの確率で45ドルもらえる　↓　26パーセントの人が選択

通常、わたしたちの多くは（2）のもらえない可能性があるよりも、多少もらえる額が少なくても確実にもらえる（1）のほうを選択します。

しかし、そもそももらえる確率が低いとき（20〜25パーセント）は、どうなるのでしょうか？

実際の実験の結果、以下のようになりました。

（3）25パーセントの確率で30ドルもらえる　↓　42パーセントの人が選択

（4）20パーセントの確率で45ドルもらえる　→　58パーセントの人が選択

つまり、20～25パーセントという不確実性が高い状況に身を置くと、わたしたちはなぜかリスクの高い選択に惹かれ、そちらのほうがうまくいくと認識してしまうのです。これによって、起業したばかりの人が怪しげな話に傾倒してしまうという現象が起きてしまいます。

怪しげな情報やおいしい話に惹かれそうになったときの回避法は？

また、世の中には怪しげな話に一度、二度、三度とだまされてしまう人もいます。

「このビジネスモデルを学べばあなたも億万長者」でうまくいかなかったのに、「成功者だけが知っている21の成功法則」というオンデマンドプログラムに手を出してしまう……。

同じ失敗をくり返してしまう理由は、その人のいる状況が不確実なことにプラスにして「衰退効果バイアス（Fading affect bias（FAB））」（感情弱化バイアス）の働きが影響しているからです。[*128]

この認知バイアスは、**イヤな記憶ほど早く忘れる傾向があるというもの。**しかも、この傾向にその**イヤな記憶をよい解釈に置き換えてしまうという効果も加わります**（ちなみに、ナルシストは意外とＦＡＢが低く、イヤな記憶を忘れないということもわかっています）。[*129]

その結果、怪しげなプログラムで痛い目に遭ったことがあるのに、興味をもったときに感じたワクワク感の記憶を重視し、また同じ選択をしてしまうのです。

とはいえ、見方を変えれば、どんなイヤな出来事も時間とともに痛みは薄れていくわけで、ポジティブな働きのある認知バイアスでもあります。

問題はどちらの働きが強く出てしまうかです。

起業直後の人のように**不確実な状況に身を置いていると、「衰退効果バイアス」のネガティブな面や「擬似確信効果」が強く働き、次の失敗の種を引き寄せてしまいがちです。**

そうやって二度、三度とだまされないためには、冷静に自分の状況を見つめ直すことが役立ちます。

たとえば、受けとった怪しげな情報に惹かれそうになった場合……

- 1日、時間を置いて再検討してみる
- 利害関係のない信頼できる人に意見を聞いてみる
- オフィスを離れ、自然のある場所に身を置き、是か非かを考えてみる

このように時間を置いたり、見方を増やしたり、物理的に場所を変えたりすると、「もしかしたらうまくいくかも……」という間違った確信を修正するきっかけになったりするのです。

認知バイアスを味方につけるコツ

うまい話にすぐに乗らず、いったん時間を置いたり、人に意見を求めてから判断してみる

6

時限目

健康にまつわる認知バイアス

わかってても
不健康なことするのなぜ？

37 なぜ、「自分はコロナにはかからない」と思ってしまうの？

関連するバイアス――「感情移入ギャップ」「確証バイアス」「正常性バイアス」

「この前、みんなで騒いでも問題なかったから、次も大丈夫だろう」
「いままでかかってこなかったから、これからもかからない」

わたしたちは一度、成功体験をすると次も大丈夫だろうと思えてしまいます。これは3時限目の110ページで述べた「**感情移入ギャップ**」が引き起こしています。つまり、ホットな状態を体験すると、次もホットな状態が続くと過信してしまうのです。そして、これが何度も続くと「やっぱり大丈夫だ！」という「**確証バイアス**」が働き、絶対に大丈夫だと思えてしまいます。

そして、この心理に拍車をかけるのが「**正常性バイアス**」です。これは5時限目で述べた通り、身のまわりで異常なことが起きても、自分にとって都合が悪ければ無視したり、事態を過小評価したりする認知バイアスです。

何度もくり返される新型コロナウイルスの流行の波を間近で見ながら**「自分はコロナにかからないだろう」と思えてしまうのは、まさにこれらの複数のバイアスが働いているから**です。ちなみに「正常性バイアス」はうまく使うと幸せになれますが、行きすぎるとわたしたちを危険な状況に追い込むことがあります。

たとえば、災害時の心理学を研究する東京女子大学の広瀬弘忠教授によると、「日本や欧米では、災害時に避難指示が出されても、避難する人は50パーセントを超えることはほぼない」そうです。*130

実際、2018年に西日本から北海道まで広い地域に重大な被害を出し、223名の方が亡くなった「平成30年7月豪雨」の際、約860万人に避難勧告が出ました。しかし、避難した人はたった0・5パーセント。避難しなかった理由として、「これまで災害を経験したことはなかったから（30パーセント強）」「2階に逃げれば大丈夫だと思ったから（25パーセント強）」が多く、「まわりも慌てていないから、大丈夫」という心理が見えます。

どうして逃げるようアナウンスされているのに、とどまってしまうのでしょうか。

「正常性バイアス」について行なわれたある研究では、1人の被験者と大勢のサクラに部屋に入ってもらい、火災の発生を感じさせる煙を室内に流し込んでいくという実験が行なわれました。すると、被験者1人で部屋にいたときはすぐに逃げ出したのに、みんながいて、そのみんなが「煙が入ってきたな……でも、まあ、様子を見るか」ととどまっていると、被験者も様子を見続けてしまうのです。

まわりが逃げていないこと＝ヘンなことが起きているように感じるけれど、正常な状態に違いない。これくらいなら、自分も大丈夫。これが「正常性バイアス」の本質です。

「自分だけは大丈夫ということはない」と認識すること

新型コロナウイルスについて言えば、「過去の流行でもかかっていないから今度も自分はかからない」「まわりにかかった知り合いがいないから」といったとらえ方もあるかもしれません。とくに人口も感染者も多い都市部と、人口が少なく感染者も少ない地方の郊外では受け止め方が変わって当然です。

しかし、過去の経験上、問題がなかったからと言って、次も安心という根拠にはなりません。まずは「自分だけは大丈夫ということはない」と認識することが「正常性バイアス」の対策となります。

そこで、役立てたいのが「リハーサル効果」。文字通り、事前にリハーサルをしておくことで、わたしたちは異常な事態が起きたときでも適切な行動がとれるようになるのです。[*96]

災害に対してなら、避難訓練。

新型コロナウイルスに対してなら、もしかかってしまったときのシミュレーション。

事件、事故に対してなら、起きてしまったあとの通報先や相談先の確認。

「そんなことは自分には起こらない」ではなく、**「起きたときにはどうするか」**の視点で考え、**起こりうるリスク**、そのときにできることを事前に書き出しておきましょう。

具体的にイメージしてトレーニングしておくと、「正常性バイアス」によって思考停止状態になることなく、事態に対処できる確率が上がります。

認知バイアスを味方につけるコツ

「起きたときにどうするか」の視点で起こりうるリスクを事前に書き出しておく

38 なぜ、日本人はマスクをし続けるのか？

関連するバイアス——「多数派バイアス」「システム正当化」

歩く人もまばらな大きな公園へ散歩に行って不思議に思うのは、ときどきすれ違う人のマスク着用率の高さです。花粉症など、別の理由からマスクをつけている人もいるでしょう。しかし、厚生労働省から次のようなアナウンスがされています。

- 屋外では季節を問わず、マスクの着用は原則不要です。
- 屋内では距離が確保でき、会話をほとんど行なわない場合をのぞき、マスクの着用をお願いします。
- 高齢の方に会うとき、病院に行くとき、通勤ラッシュ時や人混みのなかではマスクをつけましょう。

● 場面に応じた適切なマスクの着脱をお願いします。

もちろん、新型コロナウイルスの感染拡大防止にマスク着用が一定の効果を上げているのは事実です。それでもコロナ対策として、公園を歩くのにマスクをする合理的な理由はありません。

なぜ、わたしたち日本人は必要がないとされている場面でも、マスクをし続けているのでしょうか？

ここで働いている認知バイアスは4時限目（204ページ）で触れた**「多数派（同調）バイアス」**です。このバイアスが発生する背景には、次の2つの理由があるとされています。

①快感を求めて、まわりと合わせる。一緒なら楽しくなるんじゃないかという予感がある。

②痛みを避けるために、まわりに合わせる。周囲から嫌われないように、集団からはじき出されないように。

屋外を行く人に「どうしてマスクをしているんですか?」と取材するニュース番組の街頭インタビューなどを見ていると、その答えは「していないと人から見られる気がして」「していない自分がまわりからどう思われるんだろう、と不安で」といった声が多く聞かれます。

つまり、②の理由から発生する「多数派(同調)バイアス」の働きが、ソーシャルディスタンスが保たれた屋外でもマスクを外せなくさせているのです。

ルールさえ守っていればラクという思考停止の心理になってはいませんか?

そして、「なぜ、日本人はマスクをし続けるのか?」にかかわっている認知バイアスが、もう1つあります。

それは**「システム正当化(System justification theory)」**という認知バイアス。*131 このバイアスは、**「現状のやり方にたとえ問題があったとしても、未知のやり方よりも現在社会に普及しているやり方(システム)を選択する傾向」**です。

みんながやっているから、そのやり方に従ったほうがらくちん。

「システム正当化」が働くと、そんな感覚で、感染拡大防止のためにマスクをする意味はさておき、とりあえずマスクをしておこうという選択になるわけです。

日本人は、新しいことにチャレンジする人の割合が低い国民性とも言われます。また、安全な状況でも歩行者が赤信号を守って道路を渡らない、世界から見ると変わった国でもあります。

実際、英国王立協会の科学誌「ロイヤルソサエティー・オープンサイエンス」に発表された論文によると、「フランスでは、歩行者が10回に4回の割合で信号無視をして横断歩道を渡り、日本では100回に2回の割合

だった」（フランスのストラスブール大学の研究チームが、ストラスブールの4か所、名古屋の3か所の横断歩道で調査）と報告されています。[*132]

フランス人の多くは、こう考えるようです。

「車が通らないのに信号を待つ必要はない。ルールや規則は、秩序を保つために必要。ただ、ルールは人間の生活をスムーズにするためにあるのであって、ルールを守るために人間が存在しているわけじゃない」

「多数派（同調）バイアス」と「システム正当化」によって、自分で考える力が奪われてしまっている可能性について考えてみてください。

マスクにしろ、赤信号にしろ、あなたはルールさえ守っていればラクという思考停止の心理になってはいませんか？

認知バイアスを味方につけるコツ

……………

何も考えずにルールを守るのではなく、なんのためのルールかを考え、自分の考えで行動する

39 ウソの健康情報を信じてしまうのはなぜ？

関連するバイアス――「バックファイア効果」

SNSを入口にして医療や健康の情報に接する人が増えています。

ただ、ネット上で拡散される医療・健康情報には、科学的な根拠が存在しない「ウソ」や「デマ」が含まれていることが少なくありません。

新型コロナウイルスに関連する情報についても、ワクチンに関するデマ、症状に関するウソなどが広まり、家族や友人が陰謀論的な考えに影響され、関係にヒビが入るケースが多々ありました。

なぜ、常識的だと思えた人がウソの健康情報を信じてしまうのでしょうか？

これは2016年の研究ですが、アメリカのウィスコンシン医科大学のメガ・シャルマ医師らがフェイスブックなどのSNSを通じて、どのような医療・健康記事や動画が拡散されやすいかを調査しています。[*133]

対象としたのは、当時流行していた「ジカ熱」に関する記事や動画。ジカ熱は、蚊や性行為によって広がるウイルスを原因とした感染症で、妊娠中の女性が感染すると出生異常の原因になります。

シャルマ医師らがフェイスブック上に投稿されているジカ熱に関する記事や動画を調べたところ、多くアクセス・拡散されている200の記事のうち、8割以上は適切な情報源（アメリカ疾病管理予防センターなど）からの正確な情報でした。

一方、「ジカ熱は発展途上国の人口削減のために利用されている」「大企業による陰謀だ」など、誤解を生む情報は12パーセントほど。この結果を見ると、フェイスブック上の医療・健康情報の正確性はほぼ問題がないように思えます。

ところが、調査には続きがありました。

「どの情報が拡散されたか」を調べると、12パーセントの「誤解を生む」情報が、正確な情報よりもはるかに多く拡散されていたのです。

なかでももっとも拡散されていたのは、ジカ熱が大企業によるでっち上げであると主張する動画でした。フェイスブック上で53万回以上再生され、19万6000人にシェアされていたのです。

これに対して、正確なコンテンツでもっとも拡散されたのは、WHO（世界保健機関）によるプレスリリースでしたが、アクセス数は調査時点で4万3000程度。シェアも1000程度に過ぎませんでした。

「バックファイア効果」が自分の世界観への固執をさらに強くする

シャルマ医師らは、**「SNSで正確な情報よりも誤解を生む情報が拡散されやすいのは、感情を揺さぶる内容だから」**と指摘しています。

恐怖や驚き、怒りを感じたとき、直感的にその情報を信じてしまい、拡散。こうした行動をくり返すうち、**「バックファイア効果（Backfire effect）」**という認知バイアスが強く働きはじめます。[*134]

この認知バイアスは、**「自分の信じる世界観に合わない情報と遭遇したとき、考えを変えるのではなく、それを拒否して、自分の世界観にさらに固執するようになる傾向」**のことです。

たとえば、新型コロナウイルスのワクチンの効果を信じない人は、ワクチン接種をすすめる科学的根拠のある情報に触れてもそれを否定し、持論を強化するための情報を探しはじめます。もちろん、ワクチン接種をする、しないは個人の選択ですが、「接種する選択」を強く批難し、攻撃することにもなってしまうのです。

にわかには信じられない〝陰謀論〟が広まる理由

「バックファイア効果」はSNSやインターネットと非常に相性がよく、にせの健康情報を広める理由となっているだけでなく、にわかには信じられない陰謀論の信者を増やす要因にもなっています。

一例を挙げると、アメリカでは、SNSでの拡散をきっかけに、地球が球体ではなく平面だとする「地球平面説」を信じる人がにわかに増加。数百人規模の聴衆が参加する「フラットアース国際会議」というイベントも開催されています。

地球は回っていない。球体ではない。実際に米国では保守系の人ほど「バックファイア効果」の傾向を強くもっていることが報告されています。[135]

もし、わたしの目の前にそう主張する人が現れたら、どう対処していいのか悩みますが、**何かの信条に固執してしまうのは、そこにすがることでしか自己重要感を満たせない状態にあることがほとんど。**

ですから、もしにせの健康情報を信じてしまったのが、あなたにとって大切な人であるならまっこうから否定はしないでください。できるだけ寄り添い理解しようとする態度を示しつつも、より大切なことを伝えながらコミュニケーションしていくことが大切です。

その時間が徐々に相手の自己重要感を満たし、客観的にものごとを見る冷静さをとり戻すことができるかもしれません。

認知バイアスを味方につけるコツ

ウソの情報・陰謀論を信じ込む人の背景にも目を向けてみる

40

なぜ、こりもせず何度も二日酔いで苦しむのか？

関連するバイアス――「双曲割引」「自制バイアス」

「ああ、あそこでやめておけばよかったのに」
「この間も『もう飲まない』と決めたのに、またやってしまった」

頭痛や吐き気で目が覚め、新しい1日が台無しになってしまう二日酔い。お酒をたしなむ人なら、あのなんとも言えない後悔の気もちと体調の悪さを経験したことがあるのではないでしょうか。

反省しつつ、ときには「禁酒しよう」とまで考え、それでもまたおいしく飲み食いするうち、二日酔いのつらさは薄れていき、忘れたころにまた飲んでしまう。

なぜ、わたしたちは何度も二日酔いに苦しむことになるのでしょうか？

お酒そのものの魅力、気心の知れた人と飲む楽しさなど、さまざまな要素が折り重なりますが、深くかかわっている認知バイアスが2つあります。

1つは44ページや225ページでも解説した「双曲割引」、もう1つは「**自制バイアス(Restraint bias)**」です。[*136]

わたしたちは「双曲割引」の働きによって、未来に得られる価値よりもいまの価値を高く見積もります。

今夜お酒を飲むことで得られる楽しさが100だとして、翌日以降の二日酔いや体の不調によるダメージが本当はマイナス100でも、未来のことになると価値を過小評価してしまうため「明日つらくても、まあいいや」とマイナス50くらいになったりします。

すると、**いま得られる価値が魅力的になるため、飲むことを優先してしまう**のです。

一方、**「自制バイアス」は「自分の自制心を過大に評価する傾向」**。言わば、自制心の「ダニング・クルーガー効果」です。飲みすぎ、食べすぎ、遊びすぎなど、ダメなのにやりすぎてしまう場面のほとんどにこの認知バイアスが働いています。

「きっと大丈夫。明日も忙しいけど、これから飲みはじめたとしてもきっと自分は適量でやめられる」

何度も自分の自制心を信じては失敗してきたのに、再び根拠もなく信じ込み、自分の背中を押してしまいます。

酒場や飲み会の場、おいしいお酒の魅力は強力です。

「君子危うきに近寄らず」が最高の対策ですが、完全にお酒との関係を断ってしまうのも味気ないもの。「○時には席を立つ」「○杯でやめる」というルールを設定し、バランスよくお酒とつき合っていきたいものです。

認知バイアスを味方につけるコツ

自分を過信せず、事前にルールを設定して、楽しみながらお酒とつき合う

41 なぜ、寝るときまでスマホが手放せないのか？

関連するバイアス──「ツァイガルニク効果」

「明日も仕事だし、そろそろ寝よう」と思って横になったのに、「その前に少しだけ……」とスマホチェック。ほんの5分くらいのつもりが、あっという間に時間が過ぎて、気づいたら夜中の1時、2時だった！

気になるニュースからショッピングサイト巡り、SNSのチェックなどなど、あとは寝るだけのスマホいじりは、なぜかやめられなくなります。

スマホ依存というほど深刻ではないものの、就寝時間の遅れによる寝不足が重なると、仕事や美容、健康にも悪影響が及んでしまいます。

時間の無駄になっていると、わかっているのにやめられない。とくに調べたいことがあるわけでもないのに、見てしまう。わたしたちはなぜ、寝るときまでスマホを手放せないのでしょうか？

その原因の1つが「ツァイガルニク効果（Zeigarnik effect）」です。[*137]

これは「**人は達成できなかったり中断したことが、達成できたことよりも気になり、よく覚えている**」という現象。

連続もののドラマやマンガの連載がいいところで終わって次回に続くのは、「ツァイガルニク効果」を狙ったものです。ですから、わたしたちは1週間の間、いろいろな経験をし、そのほかの情報にも触れているのに、不思議なほど、前回のドラマやマンガのストーリーを覚えています。**中断されたことはそれだけ気になり、記憶に残りやすい**のです。

この認知バイアスの特徴を知ってか知らずか、ネットで配信されるニュースの多くは意味深な見出しで読者の興味を引き、ページが分割された構成で内容が中断され、ユーザーに次へ進むアイコンを押すように促しています。

結果、わたしたちはそのニュースの結論を知るために記事を読み進め、さらに読み終わったところで関連するニュースの見出しがいくつか表示され、途切れることなくスマホを見続けることになるのです。

この構造は基本的にショッピングサイトやSNSでも変わりません。

注意を引き、でも、その事柄はそのページだけで完結せず、だからこそ気になってしまいやめられない。しかも、**読み進めるうち、見続けるうち、次の興味を引く事柄が提案**されるのです。

また、動画配信サービスのオリジナルドラマシリーズは、好みに合わせたおすすめのほか、全部のシーズンを見続けてもらうためのしかけが充実しています。

サービスを提供する側が本気になって読者や視聴者の時間を奪い合う状況のなかで、スマホを手放せなくなってしまうのは、ある意味、しかたのないことなのかもしれません。

「ツァイガルニク効果」を知ると集中力を高めることができる

それでも「ツァイガルニク効果」の働きをやわらげるための対策はあります。

1つは区切りをつけること。もう1つは物理的にスマホを遠ざけることです。

- ニュース記事であれば、3本読んだらやめにする
- YouTubeなどの動画であれば、1本見たらやめにする
- ショッピングサイトであれば、15分比較検討したらやめにする

自分のなかで、その事柄を完結させるようルールを決めましょう。そして、自分なりの完結を迎えたら、スマホを机の引き出し、寝室とは別の部屋にしまい、充電。物理的に手の届かない場所に置きます。とくに学習をするときはこれが大切です。

実際にテキサス大学の800人の研究では、**スマホを手元に置くともっとも学習効率が下がり、別の部屋に置くと学習力がもっとも上がる**ことが報告されています（カバンにしま

うよりも、別の部屋に置いたほうが効果的だったそうです)。＊138

手放してしまえば、スマホで見ていた情報のほとんどは「いますぐ知らなければいけないこと」「いますぐ調べなければいけないこと」ではないことがわかるはずです。

ちなみに、「ツァイガルニク効果」の働きは決してネガティブなものではありません。その**特徴をつかんでうまく使えば、集中力を高める効果が望めます。**

たとえば、わたしは学生時代、よく細切れ時間に勉強をしていました。電車での移動中、単語を覚えるといつもよりはかどりました。これは目的地に着くと、どうしても降りなければいけないから。中断され、完全には達成されなかったからこそ、記憶に強く残るわけです。

同じようにいまも、出張時の新幹線や飛行機の機内での原稿執筆や資料作成は集中力高く行なうことができます。これもまた「ツァイガルニク効果」の働きです。

認知バイアスを味方につけるコツ

区切りをしっかりつけて観る。スマホを別の部屋に置いてみる

42

ダイエット中、食べすぎたときほど体重計に乗れないのなぜ？

関連するバイアス――「ダチョウ効果」

- 健康診断で「再検査」の結果が出たのに、病院に行くのをためらってしまう
- インフルエンザのワクチンを打ったほうがいいのに、つい先送りにしてしまう
- 体重をチェックしたほうがいいのに、食べすぎると体重計に乗れない

健康に関することに限らず、わたしたちはやらなきゃいけないのに先送りしてしまったり、直視しなくちゃいけないのに見たくないと思ってしまうことがあります。

こうした場面で働いているのは「ダチョウ効果（Ostrich effect）」です。*139

そうする必要があるのはわかっているのに、知りたくないもの、見たくないものには目を向けない認知の歪みを生み出している認知バイアスです。

ダチョウの由来は、「危険を避けるために、ダチョウは砂のなかに頭を隠す」という英語圏のことわざから。頭を砂のなかに埋めれば、とりあえずの危険は自分の視界から消えます。しかし、危険の存在自体が消えるわけではありません（ちなみに、実際のダチョウは、砂のなかに頭を隠したりはしないそうです）。

危険から目を背けるダチョウのように、必要性のある事柄に目を向けない行動を「ダチョウ効果」と呼びます。

「ダチョウ効果」と肥満に関連して、興味深い研究があります。

アメリカの囚人に関する研究によると、服役中には体重が増える傾向があるそうです。[*140]

その理由は囚人服にあります。映画やドラマでもよく目にしますが、大きなずんぐりしたつなぎ状の服です。

ダボダボで体のシルエットは一切わかりません。こうしたゆるゆるの服を着ているとお腹が苦しくなることもなく、太ったことにも気づきにくいため、太ることへの痛みを感じません。つまり、痛みを見えなくさせる「ダチョウ効果」が、服役中ずっと続きます。

すると、脳は太っている現実を回避しようとしないため、太ってしまうのです。

ピチピチのサイズ感の服を着て、カロリー消費の行動を誘発する

わたし自身、ダイエットの研究もしており、これまでいろいろな効果的な方法がわかっていますが、その1つとして**理想の体型をキープしている人ほど、毎日体重計に乗っている傾向があります**。実際に**ダイエット効果を調べた研究でも、体重を量らない人ほど減量しにくい**ようです。[*141]

肥満によって引き起こされるデメリットは理解しつつも、男性は「めんどくさい」、女性は「乗るのが怖い」「現実逃避」といった理由から体重計に乗らない傾向があります。

体重が増えているなとなんとなく感じているときほど、体重計に乗りたくないものです。しかし、そうやってダチョウのように砂のなかに頭を隠していると、久しぶりに計測したときに驚くほど体重が増えていてがく然とすることに。

ダイエットを成功させる最初のステップは、体重計に乗る習慣をつけることです。

毎日、体重計に乗って数値をチェックする習慣がつけば、毎日の食事や運動が体重に与えている影響がよくわかります。

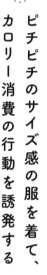

食べすぎた翌日は体重計に乗りたくないのはわかります。しかし数値が増加しているのを見ると、痛みのシグナルが脳に送られます。すると、脳はその痛みを受けて食生活を自分に適した方向に少しずつ変化させようとします。

もし、あなたが今後、ダイエットを考えているなら、毎日、体重計に乗るためのしかけをつくることが大切です。**脱衣所に体重計を置き、歯を磨きながら乗る、というようにほかの生活習慣とひもづけることでうまく習慣化できたりします。**

また、**これ以上、太りたくないときは体にフィットした服を買うのがおすすめです。**ご飯を食べてお腹がきついと脳に痛みのシグナルが送られて、30ページで解説した「プライミング効果」で考え方や行動が変わりやすくなります。

やせたら着よう……ではなく、いますぐ理想の服を着てみるのがポイントです。

認知バイアスを味方につけるコツ

毎日体重計に乗る習慣を身につける。体にフィットする理想の服を着てみる

43 ランニングしたからビール飲んでもいいよねって自分を許しちゃうのなぜ？

関連するバイアス――「モラル・ライセンシング」

あなたはいま、ファーストフード店のレジに並び、今日のランチを何にしようか考えています。

「今日はハンバーガーじゃなくて、ヘルシーにチキンのラップサンドにしようかな」

「最近、内臓脂肪が気になっているから、サイドメニューはフライドポテトではなくて、豆とコーンのサラダにしよう」

そんなふうに思っていたのに、いざ自分が注文する番になった途端、思わぬ言葉が口から飛び出していきました。

「ダブルチーズバーガーにベーコンをトッピングして、サイドメニューはフライドポテトでお願いします」

何かの間違いやつくり話のように思うかもしれませんが、これはニューヨーク市立大学の研究を再現したものです。[*142]

同大学のマーケティングの研究者たちは、**マクドナルドがメニューにヘルシーな商品を加えたあと、ビッグマックの売り上げが一気に伸びた**というレポートに関心を寄せ、ファーストフードの模擬店舗をつくり、実験を行ないました。

実験の参加者たちは普通のファーストフードのメニューを渡されたグループと、ヘルシーなサラダなどが載っているスペシャルメニューを渡されたグループに分けられ、好きなものを注文します。

すると、選択肢のなかにサラダなどのヘルシーメニューが載っているメニューを受けとった参加者ほど、とりわけヘルシーではないジャンクな商品を注文する確率が高くなったのです。

なぜ、こんなことが起きてしまうのでしょうか。

これは「モラル・ライセンシング（Moral licensing）」と呼ばれる認知バイアスの働きです。[*143]別名「自己ライセンシング（Self-licensing）」、「モラル自己ライセンシング（Moral Self-licensing）」とも呼ばれます。

「モラル・ライセンシング」は簡単に言うと、「いいことをすると、悪いことをしたくなる傾向」のこと。

具体的には「ダイエットのために運動をしたから、ちょっとくらいビールを飲んでもOK」「週末家族サービスをしたから、来週はちょっとくらいサボってもOK」「自分はがんばっているんだから、怠けている人を批判してもOK」といった行動に表れます。

ご褒美にビールを飲むのは「モラル・ライセンシング」的に、当然の流れ

ヘルシーメニューが載っているメニューを受けとった参加者ほど、とりわけヘルシーではないジャンクな商品を注文する確率が高くなったのも「モラル・ライセンシング」の結果です。

わたしたちの脳は、目標にふさわしい選択をする機会が訪れただけで達成した気分になってしまい、満足感を得ます。

その結果、ヘルシーなメニューを選ぶという決意はどこかに消えてしまい、目先の食欲を満たすのに最適なジャンクフードを選んでしまうのです。

もう、「ランニングしたからビール飲んでもいいよねって自分を許しちゃうのなぜ？」という疑問の答えは出ていますよね。

走ったのだから、ご褒美にビールを飲むのは「モラル・ライセンシング」の働きからすると、当然の流れです。むしろ、ランニングをしているぶん、先ほどの実験の参加者たちよりも健康的かもしれません。

この**「モラル・ライセンシング」の罠にはまらないための方法としては、目的を明確にする**という方法があります。たとえば、試合のため、30日後に人前に出てプレゼンしないといけないから、半年後に結婚式があるなど。このように何か目的があると、「ちょっとくらい……」の誘惑を遠ざけられる可能性が高まります。

ちなみに、「モラル・ライセンシング」の面白いところは、いいことをしたあと（いいことをしたつもりになったあと）は、まわりの人への態度にも影響が及ぶことです。

たとえば、**自分が正しいことをしていると思うと、他者の行動への批判が厳しくなる傾向があります**。[*144]

ストイックにトレーニングをしている人は、好きなように飲み食いしている人を見ると「自分はがまんしているのに、お前はやりたい放題だ」と批判的に。また逆に、**自分が後ろめたい行動をとったあとは、周囲によいことを行なってバランスをとろうという心理にもなります。**

つまり、わたしたちはシーソーのようにバランスをとろうとする生きもので、その特徴の1つとして定着したのが、「モラル・ライセンシング」という認知バイアスなのです。

認知バイアスを味方につけるコツ

ランニングをする目的、ヘルシーな食事をする目的を明確化してみる

7時限目

社会現象にまつわる認知バイアス

不思議なことが起こるのなぜ？

44

なぜ、芸能人のスキャンダルは炎上するのか？

関連するバイアス――「内集団バイアス」「わら人形論法」「偶像バイアス」

ある日、あなたがツイッターで「雨の日が嫌いだ」とツイートしたとします。友人たちからの「いいね」の通知が届いたあと、突然、見知らぬ人から「もし雨が降らなかったら、地球はどうなると思っているんだ！」というコメントがつきます。「そんなつもりでつぶやいたわけでは……」と返すと、さらに「農作物のこと、何も考えていない人ですね」「水不足って言葉、知ってます？」「そもそも好き嫌いを言う必要が？」と批判が集まり、攻撃され、そのやりとりがリツイートされて拡散。

気づけば、経験したことのない大炎上へ……。

ありえないたとえ話だと感じたかもしれません。しかし、スキャンダルがきっかけで芸能人や著名人が炎上するときも、ほぼ同じ構造で火の手が上がり、広がっていきます。

ちなみに、炎上とは「インターネット上の意見が主導となって特定の対象（有名人・企業・一般人）に非難、批判が集まっている状態のこと。非難、批判の高まりを「燃える、燃え上がる」という現象にたとえて生まれた用語です。

きっかけとなるスキャンダルが本人の落ち度である場合も、そうではない場合も、一度、火の手が上がると炎上は止まりません。

このとき大きな影響を与えているのが、4時限目の203ページで述べた**「内集団バイアス」**です。これは**「自分が属している集団にはやさしく、外の集団には厳しく評価する」**認知バイアス。**「内集団ひいき（In-group favoritism）」**とも言われます。*145

狩猟時代からわたしたちは、敵と味方を見分けなければ生き残ることができませんでした。そこで、自分と同じ特徴があるものは味方、それ以外は敵だと判断する認知バイアスが発達していったのです。

たとえば、バイト先や仕事先、飲み会などではじめて会った人と自己紹介をして、出身地が一緒だと、それだけでなぜか好感をもち、親しみを感じます。これは出身地という共通点によって相手を仲間と認知したから。些細な共通点でも、それが相手を内集団と認めるきっかけとなり、信頼関係が築かれていくのです。

その点、芸能人や著名人と一般の人との間には、なかなか共通点が見つかりません。ファンと芸能人や著名人は強いつながりがあり、内集団になりますが、それ以外の人にとっての彼らは「向こう側の人」です。

炎上したら、なかなか火が消えない理由

ですから、ネットでは炎上する側とさせる側に分かれた時点で、火を消すのが難しくなります。なぜなら、炎上させる側にとっては「する側」が何をどう言ったとしても、それが攻撃材料になっていくからです。

たとえば、冒頭の「雨の日が嫌いだ」に対する「もし雨が降らなかったら、地球はどうなると思っているんだ！」は、完全に論点がすり替えられています。

こうした論法は**「わら人形論法（Straw-man）」**と呼ばれる詭弁《きべん》を使った論破の方法です。[*146] **「わら人形」とは簡単に倒せそうな存在の比喩で、論点とずれた大切でない対象に焦点を当てる言葉の使い方です。**

「子どもを道路で遊ばせるのは危ない」→「子どもを家に閉じ込めておけと言うのか」
「公共事業の予算を減らすべき」→「現場で働く労働者を守らなくてもよいのか」

本来の論点ではない部分をとり上げて、相手を否定し、攻撃する論法で、炎上時にはかなりの確率で使われています。

この「わら人形論法」に乗った形でやりとりをはじめてしまうと、延々と論点をずらされて議論が続いていくので、炎上している側が何をどう言っても火消しは難しくなってしまいます。

仮に「わたしの『雨の日が嫌いだ』という発言は軽率でした。反省し、謝罪します」とツイートしたとしても、「謝罪したところで、傷ついた人たちのダメージが回復するわけではない」「これ以上の議論から逃げているだけではないか」「旗色が悪くなったら、ごめんなさいなんて子どもでもできること」といった反論があることでしょう。

内集団から「敵」認定されたら最後、彼らが飽きるまで、もしくは別の標的を見つけるまで攻撃は続きます。

マイナスの偶像をつくり、それを攻撃することで結束していく集団

執拗な攻撃の背景には、もう1つ別の認知バイアスが関係しています。

それは「偶像をつくり上げ、それを讃える、もしくは打ち負かすことで、正しい行ないをした」と感じる傾向で、わたしはこれを**「偶像バイアス（Idolizing bias）」**と呼んでいます。これは「内集団バイアス」と、外側の人はみんな同じという**「外集団同質性効果」**が合わさってできた認知バイアスの1つとして考えられます。

つくり上げられる偶像には、プラスの偶像とマイナスの偶像があり、真逆の影響が出ます。プラスは神で、マイナスは悪。プラスの偶像は何をしても讃えられ、マイナスの偶像は執拗に攻撃されます。

なぜ、こんな認知バイアスがあるかというと判断がラクになるからです。善悪がはっきりし、讃える仲間、攻撃する仲間と一体になって内集団をつくることができます。

炎上が起きているとき、燃やしている内集団から見た「燃えている対象」はマイナスの偶像。**攻撃をしかけ、相手がダメージを受ければ受けるほど、内集団は「自分たちは正し**

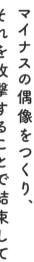

い行ないをしている」と感じ、結束を強めていきます。つまり、「内集団バイアス」の結束を強くするために「偶像バイアス」と「わら人形論法」が役立つのです。

この炎上の心理を利用してきたのが、過去の韓国の政治戦略です。大統領が国民から批判され支持率が低迷したとき、「竹島を奪ったのは日本だ」「慰安婦問題は日本の責任だ」と日本を糾弾。その結果、国民の批判の矛先が大統領ではなく、日本に向けられます。このように敵をつくって炎上させることによって、支持率を操作してきた歴史がありました。

炎上は単なるネット上の出来事に収まらず、現実の社会に大きな影響を与えます。対岸の火事のように眺めていると、あなたにとっても思わぬ被害をもたらすかもしれません。興味本位の書き込み、炎上への加担は控えましょう。

認知バイアスを味方につけるコツ

炎上被害に遭わないため、炎上の加担者にならないためにも、不必要な書き込みは控える

45

小学生の夏休みがあんなに充実してたのなぜ？

関連するバイアス――「代謝バイアス」「頻度バイアス」

子どものころのあなたと大人のあなた。つまらない話を聞いているあなたと趣味に打ち込んでいるあなた。わたしたちは同じ時間でも、状況によって時間の感じ方がまったく変わります。

たとえば小学生の夏休みは、なぜあんなに充実していたのだろう？　と思うことはないでしょうか？

これにかかわっている認知バイアスの1つが「代謝バイアス（Metabolism bias）」です。これは、**代謝が高いほど時間を長く感じるという効果**のこと。[＊147]

子どもは大人より代謝が高いため、より長い充実した時間を過ごすことができます。

「代謝バイアス」は、大人になってもその効果を感じられます。たとえば、仕事をしていると午前中は短く感じる人も多いと思いますが、これは午前中は代謝が低いことが関係しています。午後にかけて代謝が上がるので、午後は長く感じる傾向があるということです。また、運動すると代謝が上がるため、午前中は運動を入れると時間が長く感じられるという効果も期待できます。朝マラソンをする人は、しない人よりも午前中の体感時間を長く感じられたりするのです。

ところで、子どものころの夏休みは多くの人にとって「充実した時間」として記憶に残っている一方、業務上しかたなく参加した勉強会での講師の話は長く退屈で、時の流れが遅く感じられ、つい時計ばかり見てしまうということはないでしょうか。

こうした時間の認知の違いには、体験の頻度が関係しています。*148 わたしは**「頻度バイアス（Frequency bias）」**と呼んでいますが、これは**「短期間に多くの出来事があったほうが、充実した時間に感じる傾向」**のことです。

たとえば、子どもは公園で遊んでいるとき、薄暗くなっても「もっと遊ぶ！」と言い、親の買いものにつき合わされているときは15分も経っていないのに「まだ〜？？」と帰りたがります。これは大人になっても同じで、わたしたちは、退屈なときに時間の流れを遅く感じ、楽しいときは時間があっという間に過ぎたように感じるのです。

そして、子どものころの夏休みが充実した時間として記憶に残るのは、ひと夏ごとに新しい体験、はじめての出来事、いくつもの小さな冒険があったから。本人にとって新鮮に思える出来事の回数が多ければ多いほど、「頻度バイアス」は強く働き、同じ時間でも「充実した時間」として感じ、記憶するのです。

最新の研究では、体験の数を認知することが時間を長く感じさせることも報告されています。[*149] また専門用語で**「覚醒効果（Arousal effect）」**[*150] といいますが、恐怖の気もちを感じても時間が長く感じます。お化け屋敷に入ると早く終わってほしいと思いますが、短い時間でもわたしたちは永遠に感じてしまうのです。

より充実した休日を過ごす方法

「代謝バイアス」と「頻度バイアス」を味方につければ、大人になってからも、子どものころのような充実した時間感覚をとり戻すことができます。

休日には、テレビを見ながらゴロゴロするのではなく、早起きをして体を動かしたり、新しいスポーツにチャレンジしてみたり、読書をしたり、ゲームをしたり、買いものに行ったり、積極的に活動をして代謝を上げ、「出来事」との遭遇の頻度を増やしましょう。

すると、過ごした時間の充実度が上がります。たとえば、旅行中に1日の時間が長く感じるのは、いつもより早い時間から動いたり、移動時間が長く代謝が上がりやすいからです。「代謝バイアス」の効果が働きます。

また、新しい体験が多いのも関係しています。はじめての駅、はじめての宿、はじめての風景……。すべてが五感を刺激してくれます。

ですから、日々の食事のときも、意識的に味や香りを楽しみながら食べてみてください。季節の食材に注目したり、噛みごたえや舌触りを意識したり、香りを楽しんだりすると「頻度バイアス」が働き、1回1回の食事が充実したものになります。

また、仕事の時間がつまらない、時の流れが遅く感じるときには、楽しい刺激を入れると時間が早く過ぎる**「ドーパミン覚醒効果」**をおすすめします。[*151]

わたしが大学院にいたころ、多くのノルマを抱え、作業に追われていました。ただ、昼ごはんを食べて14時も過ぎると、眠たくなってくることもありました。

ぼんやりと手を動かしながら、時が過ぎるのを待つような感じでは仕事が進みません。

あるとき、（本当はやってはいけないことでしたが）ネットで次の休みに行きたい旅行先を一瞬検索。いくつか美しい風景写真を眺めていると、脳内でドーパミンが放出されたのでしょう。仕事の集中力が戻ってきたのです。

次の休暇には、ここに行こう。そんな刺激が時間感覚を早めてくれました。

大人になると、わたしたちは時間がただ過ぎていって、気づいたら月日が経っていたという感覚に陥ったりするものです。しかし、ちょっとした工夫で大人になっても充実した時間を過ごすことができるようになります。

より活動的に行動することで代謝を上げ、たくさんの知らないことに触れていく。注意を向ける努力をすれば、世界は知らないことであふれています。その1つひとつ、あなたの好奇心を刺激する出来事にチャレンジしていくと、子どものころのような時間感覚が戻ってくるかもしれません。

認知バイアスを味方につけるコツ

朝早くから動いて代謝を上げ、新しい体験を増やしていく

46 なぜ、犠牲者が多くなるにつれて同情心が薄れるのか？

関連するバイアス――「コンパッション・フェード」

- エボラ出血熱で3400人以上の命が失われたとき ⇩ アメリカ赤十字社への寄付金は6か月間で10万ドル（2014年）
- ニューヨークの子どもがハーバード大学を訪問するクラウドファンディング ⇩ 1か月間で120万ドル以上の寄付金（2015年）

この数字を見てどう思いますか？　どちらも善意の形です。しかし、明らかに被害が大きく犠牲者も多いエボラ出血熱への寄付金が少なすぎるように感じます。

この現象を生み出しているのが、**「コンパッション・フェード（Compassion fade）」**という認知バイアスです。[*152] これは心理学者のポール・スロヴィック博士が提唱したもの。わたしたちは苦しんでいる姿を見ると同情心を覚え、手を差し伸べたいと考えます。ところが、**犠牲者の数が増えると、その苦しみにうまく共感できなくなってしまいます。**[*153]

とくに疫病の流行や地震、戦争などの大規模な災害の場合、「自分の手には負えない出来事だ」と感じ、いっそ同情するのをやめるという反応「同情崩壊」を起こします。

逆にクラウドファンディングのように、**1人の人物に焦点を当てたストーリーになっていると、自分にも手助けすることができると感じ、多くの人から寄付が届く**のです。

この原稿を書いているいまも世界では戦争や紛争が続いています。でも、わたしたちには、それぞれの日常があります。そのため、被害が長期化し、犠牲者が増えるほど、同情心も薄れてしまいます。それを薄情だと責め、自己嫌悪に陥る必要はありません。ただ、自分に何かできないかと思うなら、被害に遭っている1人ひとりの背景に目を向けてみましょう。同じ世界を生きる市民だと感じられたとき、同情心が再び高まってくるはずです。

認知バイアスを味方につけるコツ

被害に遭っている1人ひとりの背景に目を向けてみる

47 なぜ、心霊写真は写るのか？ なぜ、人面魚はいるのか？

関連するバイアス――「パレイドリア」

コイの頭の模様が人の顔に見えるから、人面魚。

木々の葉が重なってできた影が髪の毛の長い女性のように見えるから、心霊写真。

わたしたちの目はときどき、見えないもの、そこにはないものが見えると認知してしまいます。こうした現象は「パレイドリア（Pareidolia）」と呼ばれ、ギリシャ語の「横に並んで」という意味の「pará」と「像」という意味の「eídōlon」が語源となっています。[*154]

たとえば、次ページのイラストを見てみてください。

これは月の影の形が国によって、どう見られているかを示したもの。日本ではウサギですが、各国の文化によって、見たいように見ていることがわかります。

世界各国の月の見え方

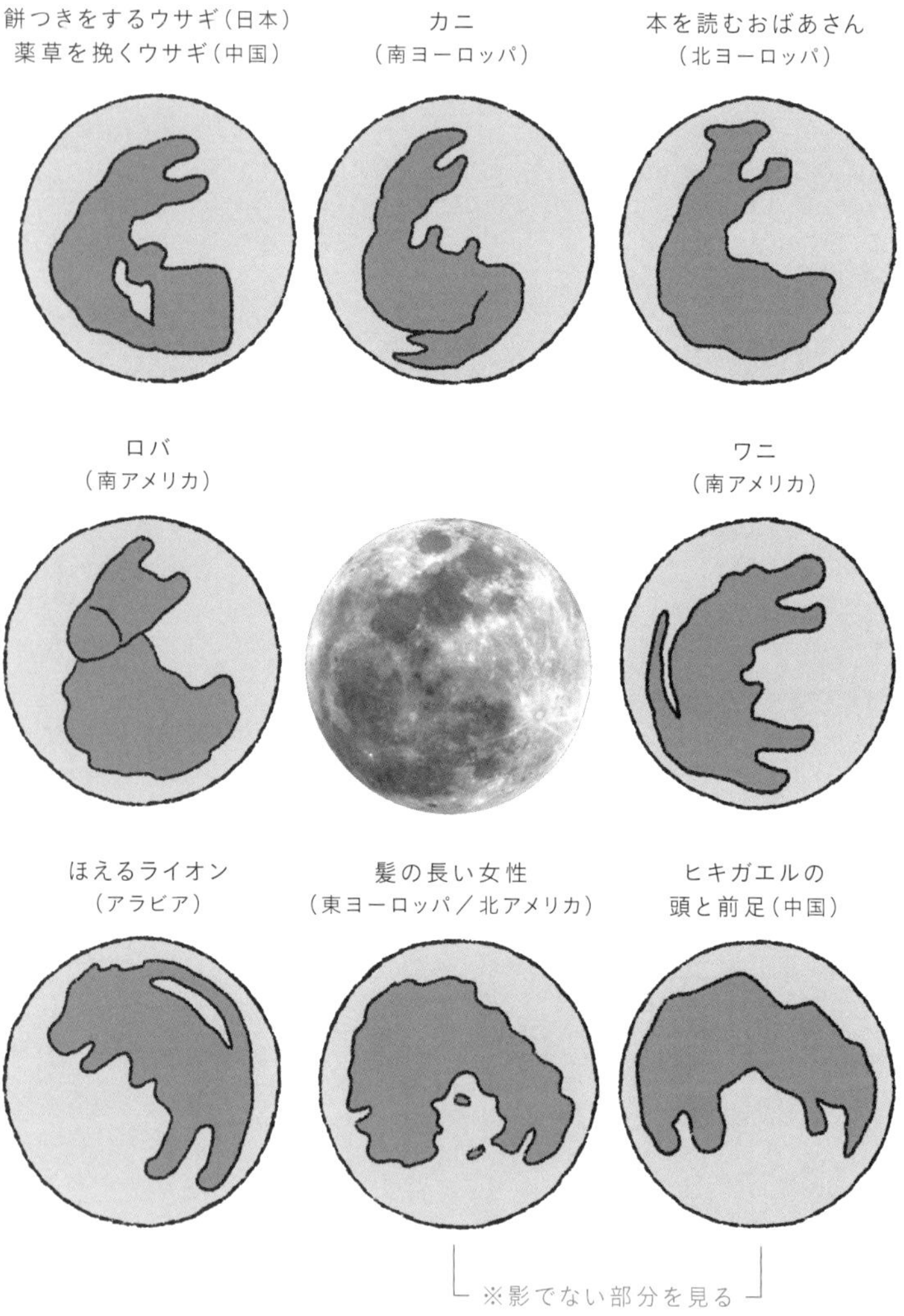

餅つきをするウサギ（日本）
薬草を挽くウサギ（中国）
カニ
（南ヨーロッパ）
本を読むおばあさん
（北ヨーロッパ）
ロバ
（南アメリカ）
ワニ
（南アメリカ）
ほえるライオン
（アラビア）
髪の長い女性
（東ヨーロッパ／北アメリカ）
ヒキガエルの
頭と前足（中国）
※影でない部分を見る

そこに存在しないのに、よく知っているパターンがあるように感じること。それも人や動物の顔として認識しやすいのは、脳にとって「顔」が重要な情報だからです。

たとえば、上の写真は佐渡のモアイ像と言われている人面岩（佐渡島の人面岩）。言われてみると、右側のとがった部分が鼻、海に向かって突き出した右下の部分があごで、たしかに人の横顔に見えます。

2006年の脳の研究で、脳内には、顔と認識されるものを見たときにだけ反応する、紡錘状回顔領域と呼ばれる領域があることが発見されました。[*155] これは敵味方、危険か危険でないかを見分けるために「顔」と「表情」が役立つからです。

怒っているのか、笑っているのか。些細な変化を見逃さずに状況を判断できた個体ほど、生存競争に生き残ってきたはずです。それが「パレイドリア」という形でいまも残り、実際にそこにはない顔や表情を感じさせているのかもしれません。

認知バイアスを味方につけるコツ

人の顔に見えたり、心霊写真に見えるのは、生存競争に生き残ってきたなごり

48

罰が当たってもしかたないと思ってしまうのはなぜか？

関連するバイアス――「公正世界仮説」

「彼は日ごろからふざけてばかりいたから、留年することになった」
「彼女は、人の悪口ばかり言うから、体調が悪くなった」
「自社の儲けばかりを考える企業には、いつか罰が当たる」

日本では自業自得、因果応報という言葉がありますが、世界のどの国に行っても「よい行ないをした人にはよいことが起こり、悪い行ないをした人には悪いことが起きる」という考え方があります。

あなたも子どものころ、「悪いことをするとバチが当たるよ」と言われたことがあるかもしれません。このようなものごとのとらえ方は社会心理学で**「公正世界仮説」**（Just-

world hypothesis)」と呼ばれています。**「公正な世界においてすべての正義は報われ、すべての罪は罰せられる」と考える認知バイアス**です。[156]

このバイアスを提唱したのは、正義感についての先駆的な研究で知られる社会心理学者のメルビン・ラーナー教授。彼によると、「公正世界仮説」の働きが強い人は、「世の中では、がんばっている人が報われ、そうでない人は罰せられる」と考えるそうです。

この認知バイアスの働きが強いことには、2つの大きなメリットがあります。

①未来をコントロールできる⇩正義は勝つ、努力すれば報われる、信じるものは救われるといった考えを信じられることで、未来に対する希望を抱くことができます。
②過去と現在を肯定することができる⇩病気は、自分が進む道を変えなさいというメッセージ、いまの地位が低いのは、前世で行ないが悪かったからなど、過去と現在の状況をこれからの努力で変えていけると信じることができます。

また、**「公正世界仮説」を信じている人は、生活の満足度と幸福度が高まり**[157]**、いじめを**

しないことも研究で明らかになっています。＊158

この「公正世界仮説」の認知バイアスは、183ページでも述べたわたしたちの能力に影響するあらゆる「信念バイアス」を形成するきっかけになっているとも言われています。「努力すれば報われる」「都合の悪い出来事には必ずよい意味がある」「困難を乗り越えると大きく成長できる」「夜明け前が一番暗い」「トンネルを抜けた先には必ず光が待っている」というのは、「公正世界仮説」から生まれるわたしたちに力を与える素晴らしい「信念バイアス」です。

人に対して「罰が当たる」と思うのではなく、力を与える「信念バイアス」を通して、自分にも人にも光を与える、そんな豊かな人生を目指していきたいものです。

認知バイアスを味方につけるコツ

「悪いことをしたから罰が当たった」ではなく、「がんばったから報われた」と信じる

49 なぜ、人は何もしないではいられないのか？

関連するバイアス――「成長バイアス」

アメリカのミネソタ州にあるオーフィールド研究所（Orfield Laboratories）に、「地球上でもっとも静かな場所」としてギネスにも登録されている99・9パーセント無響空間があります。

一般的に夜の静かな寝室の音量が約30デシベルなのに対し、その無響空間（無響室）はマイナス9デシベル。完全に光も遮断されて、寸分先も見えないような真っ暗な宇宙の闇のような空間だそうです。

オーフィールド研究所では、一般人が無響室を訪問するツアーを行なっていて、監督者の下で短時間の滞在が認められています。ラボのウェブサイトによると、滞在の最長記録は45分。ほとんどの人はその半分程度の時間が過ぎるとギブアップして、すぐさま部屋を出ていくそうです。なぜなら、**視覚も聴覚的な刺激もすべて遮断された無の空間にいると、ほとんどの人は数分で幻聴や幻覚が現れて、気がおかしくなりそうになる**からです。

ここからわかるのは、**わたしたちは刺激がまったくない空間にいると、脳は幻覚を生み出してまでも刺激を求めようとする**性質があるということ。

つまり、わたしたちの脳は、もともと外側から何も刺激がなければ、生きていけないのです。もし培養室で何も刺激のないところで脳を培養したら、細胞は生き続けますが、お互いにニューロンはつながることはできず、脳としては死んでしまうでしょう。脳は生きるためにも刺激を欲している存在なのです。

そして、**つねに刺激を求めるという性質をもつ脳があるからこそ、わたしたちは文明をつくり出すことができたと言えます**。新しい道具をつくり、土器をつくり、畑を耕作し、発明を行ない、建物から芸術、インターネットや自動車、最新の医療や科学技術まで、素晴らしい文明を築いてきました。

わたしたちの脳は「新たな刺激を受け、成長したとき」最高の喜びを感じます。この感覚がわたしたちの文明すらつくってきたのです。わたしはこの脳の性質を**「成長バイアス**

(Proceeding bias)」と呼んでいます。

目標に向かって日々、成長している人のほうが幸せを感じられる

成長するというと、大きなことに感じるかもしれませんが、わたしたちの脳はほんの小さなことでも喜びを感じます。

バーゼル大学の研究でも、実現が難しいゴールを設定している人よりも、現実的なゴールを目指している人のほうが幸福度が高いことがわかっています。[*159]

今日ケーキを食べる、映画を観る、本を読む、大好きな人と会うなど、どんな小さなことでもOKです。

達成が難しい大きな目標もいいですが、意外と小さなことが成長と喜びを与えてくれます。何かを選択したとき、予想外のうれしいことが起きるとき、小さな目標に近づいているとき、どんなことでもいいのです。

実際に、どんな小さなことでもゴールに向かって進んでいるとき、より幸福度が高まる「エンダウド・プログレス効果（Endowed progress effect）」が働きます。[*160]

大きな夢は何個も実現できないかもしれませんが、小さなことなら無数に体験できます。**人の幸せは、幸せの質よりも回数のほうが大切**です。つまり、日々目標に向かって動き、成長している人のほうがより充実感と幸せを感じるのです。

日々の小さなことを通して成長していくこと。わたしたちの幸せを支えている「成長バイアス」は、わたしたちが幸せな人生を実現するために不可欠な認知バイアスなのです。

認知バイアスを味方につけるコツ

毎日、小さなことを体験して、日々成長していく自分になる

Epilogue

あなたは生まれたばかりの赤ちゃんを見たことがありますか？
まだ小さなころのわたしたちはとても無邪気で、いまあなたが手にしている本を目にしても、それが本だとは思いません。

紙を破って、面白い音が出るおもちゃにしてしまいます。
本を立てて、積み木のように遊びます。
上に乗って、イスのように使います。

わたしたちは生まれたばかりのとき、この世界を先入観なくあるがままの状態（無垢の状態）で見ています。あらゆる可能性を見いだす謙虚で美しい眼差しをもっています。

しかし、人は成長するにつれ、親からの期待や友人や先生の言葉、失敗体験や成功体験、インターネットなどを通して、いつしか気づかないうちに固定された考え方をもつようになってしまいます。

わたしは昔、「人前に出ることが苦手だ」と思い込んでいた時代がありました。しかし、講演会が終わったとき、参加者から予想もしなかった盛大な拍手をもらい、「もしかしたら、自分の見ている世界は間違っていたのかもしれない」と思うようになりました。

それ以来、日々感じる感情、日々出会う人、ものや問題、出来事から自然、動物にいたるまですべてに対して謙虚な態度で接しようと思いました。いまはじめて明かしますが、1時限目で「人前で話すのが苦手な講演家」とはじつはわたし自身のことだったのです。

面白いもので、そう思ってあらゆるものに接すると、いままで気づけなかった大切なことに気づけるようになりました。同じ話を聞いても、人によってまったく見方や価値観が違ったり、問題が起きても違う角度から見ると簡単に解決できたり、自分の感情も意味があって存在していることにも気づけました。

これから世界が大きく変わろうとするとき、大切なのはこれまでの考え方に固執しないことです。そして、人の意見にも敬意を払い、より広い視野で世界を見ることです。

いまから2000年以上も前、老子は「固いより柔らかいものが強い、水のように柔軟に生きることが大切」と説きましたが、歴史的にも大きく多様化していくこの時代では、まさにこのような態度が不可欠になっていくでしょう。

そして、本書の最後にどうしても伝えたい認知バイアスがあります。

それは「わたしにはバイアスがない」という認知バイアス。これを専門用語で**「バイアスの盲点（Bias blind spot）」**と言います。*161

わたしもこれまで講演会を通して1万人以上の人たちと出会ってきましたが、このような人は残念なことに、成長のチャンスを失ってしまいがちです。なぜなら、認知バイアスはわたしたちが意識できないところに必ずあるため、自分を制限している原因に気づくことができないからです。

今回企画いただいたSBクリエイティブの杉本かの子さん、製作にご協力いただいた佐口賢作さん、このおふたりなくして本書は実現できませんでした。本当に感謝の気もちでいっぱいです。そして、これまで講演会や研修、実験に協力いただいたみなさま、クライアントのみなさま、お世話になった大学の先生、そして、出会ってきたすべての方々にこの場を借りて心より感謝の気もちをお伝えしたいと思います。

もし、あなたにうまくいかない分野があるのであれば、それは特定の考え方が原因になっていることがあります。そしてそれは変えようと思えば、いつでも変えることができます。

この本があなたの考え方、行動、環境、そして自分だけではなくまわりの人の人生を豊かにするきっかけになれば、とてもうれしく思います。わたしたちは新しい知識や体験を通して、想像以上にエキサイティングな世界を実現できます。わたしもそうでしたし、わたしがかかわってきた多くの人たちの人生もそうでした。世の中のすべての人たちが、あらゆる制約から解放され、本当の意味で自由に生きられる社会を心から願っています。

脳科学者　西　剛志

著者略歴

西 剛志（にし・たけゆき）

脳科学者（工学博士）、分子生物学者。

1975年、宮崎県高千穂生まれ。

東京工業大学大学院生命情報専攻卒。博士号を取得後、特許庁を経て、2008年に企業や個人のパフォーマンスをアップさせる会社を設立。世界的に成功している人たちの脳科学的なノウハウや、才能を引き出す方法を提供するサービスを展開し、企業から教育者、高齢者、主婦まで3万人以上をサポート。テレビやメディアなどにも多数出演。著書に『なぜ、あなたの思っていることはなかなか相手に伝わらないのか？』『脳科学者が教える集中力と記憶力を上げる 低GI食 脳にいい最強の食事術』『80歳でも脳が老化しない人がやっていること』（アスコム）などがある。著書は累計36万部を突破。

あなたの世界《せかい》をガラリと変《か》える
認知《にんち》バイアスの教科書《きょうかしょ》

2023年2月 7 日　初版第1刷発行
2024年7月29日　初版第2刷発行

著　者　西《にし》 剛《たけ》志《ゆき》
発行者　出井貴完
発行所　SBクリエイティブ株式会社
〒105-0001　東京都港区虎ノ門2-2-1
デザイン　喜來詩織（エントツ）
編集協力　佐口賢作
イラスト　徳丸ゆう
D T P　株式会社RUHIA
編集担当　杉本かの子（SBクリエイティブ）
印刷・製本　三松堂株式会社

本書をお読みになったご感想・ご意見を下記URL、
または左記QRコードよりお寄せください。
https://isbn2.sbcr.jp/17240/

落丁本、乱丁本は小社営業部にてお取り替えいたします。定価はカバーに記載されております。

本書に関するご質問は、小社学芸書籍編集部まで必ず書面にてご連絡いただきますようお願いいたします。

ISBN 978-4-8156-1724-0

Blind Spot: Perceptions of Bias in Self Versus Others", *Personality and Social Psychology Bulletin*, 2002, Vol. 28 (3), p.369-381

付録「認知バイアス」ミニ事典

(*162)**著しく並外れた効果** Bäckman, Lars; Nyberg, Lars (24 August 2009). *Memory, Aging and the Brain: A Festschrift in Honour of Lars-G ran Nilsson*. Psychology Press. p.41.

(*163)**機能的固定** German, T.P., & Defeyter, M.A. (2000). "Immunity to functional fixedness in young children". *Psychonomic Bulletin & Review*, 7(4), 707-712./a b Adamson, R.E. (1952). "Functional Fixedness as related to problem solving: A repetition of three experiments". *Journal of Experimental Psychology*, 44, 288-291.

(*164)**フォールスコンセンサス** Ross, L., Greene, D., & House, P. (1977). The "false consensus effect": An egocentric bias in social perception and attribution processes. Journal of Experimental Social Psychology 13, 279-301.

(*165)**区別バイアス** Hsee, C. K. & Zhang, J. (2004). Distinction bias: Misprediction and mischoice due to joint evaluation. Journal of Personality and Social Psychology, 86, 680-695.

(*166)**クリプトムネシア** Taylor, F. Kräupl. "Cryptomnesia and plagiarism." *The British Journal of Psychiatry* 111.480 (1965): 1111-1118.

(*167)**イマジネーション膨張** Garry, Maryanne; Manning, Charles G., Loftus, Elizabeth F., Sherman, Steven J (1996). "Imagination inflation: imagining a childhood event inflates confidence that it occurred". *Psychonomic Bulletin & Review*. 3 (2): 208-214.

(*168)**信念の書き換え** Edwards, Ward. "Conservatism in Human Information Processing (excerpted)". In Daniel Kahneman, Paul Slovic and Amos Tversky. (1982). *Judgment under uncertainty: Heuristics and biases*. New York: Cambridge University Press. ISBN 978-0521284141 Original work published 1968.

(*169)**スポットライト効果** Gilovich, T., Medvec,V. H., & Savitsky, K. (2000). Journal of Personality and Social Psychology, 78, 211-222.

(*170)**反射的逆評価** Maoz, I.; Ward, A.; Katz, M.; Ross, L. (2002). "Reactive Devaluation of an 'Israeli' vs. 'Palestinian' Peace Proposal". *Journal of Conflict Resolution*. 46 (4): 515-546.

(*171)**ポジティビティバイアス** Mezulis, A. H.; Abramson, L. Y.; Hyde, J. S.; Hankin, B. L. (2004). "Is there a universal positivity bias in attributions? A meta-analytic review of individual, developmental, and cultural differences in the self-serving attributional bias". *Psychological Bulletin*. 130 (5): 711-747

(*172)**本質主義** Cartwright, Richard L. (1968). "Some Remarks on Essentialism". *The Journal of Philosophy*. 65 (20): 615-626

(*173)**誤帰属** Dutton, D. G. & Aron, A. P. (1974). Some evidence for heightened sexual attraction under conditions of high anxiety. Journal of ersonality and Social Psychology, 30, 510-517.

(*174)**基準率の無視** Welsh, Matthew B.; Navarro, Daniel J. (2012). "Seeing is believing: Priors, trust, and base rate neglect". *Organizational Behavior and Human Decision Processes*. 119 (1): 1-14.

(*175)**ウェルトラベルドロード効果** Jackson, W. Burke; Jucker, James V. (1982). "An Empirical Study of Travel Time Variability and Travel Choice Behavior". *Transportation Science*. 16 (4): 460-475.

(*176)**画像優位性効果** Whitehouse, A. J.; Maybery, M.T.; Durkin, K. (2006). "The development of the picture-superiority effect". *British Journal of Developmental Psychology*. 24 (4): 767-773

(*177)**何もしないバイアス** Spranca, M., Minsk, E., & Baron, J. (1991). Omission and commission in judgment and choice. Journal of Experimental Social Psychology, 27, 76-105.

(*178)**人種間効果** Young SG, Hugenberg K, Bernstein MJ, Sacco DF (May 2012). "Perception and motivation in face recognition: a critical review of theories of the Cross-Race Effect". *Personality and Social Psychology Review*. 16 (2): 116-42

Aikin, Scott, "Two Forms of the Straw Man". Argumentation. Kluwer Academic Publishers, 2006, Vol. 20 (3), p.345-352./ Douglas Walton, "The straw man fallacy". In *Logic and Argumentation*, ed. Johan van Bentham, Frans H. van Eemeren, Rob Grootendorst and Frank Veltman. Amsterdam, Royal Netherlands Academy of Arts and Sciences, North-Holland, 1996. p. 115-28

(*147) **代謝が高いと時間の流れがゆっくりになる(代謝バイアス)** Bell, C.R.(1965) Journal of Experimental Psychology, Vol.70, p.232-234/Kleber, R. J., et.al. "Hyperthermia, hyperthyroidism, and time judgment", Journal of Comparative & Physiological Psychology, 1963, Vol.56, p.362-365

(*148) **頻度バイアス** Fraisse P. "Perception and estimation of time", Annu. Rev. Psychol., 1984, Vol.35, p.1-36./ Brown SW. "Time, change, and motion: the effects of stimulus movement on temporal perception", Percept. Psychophys., 1995, Vol.57(1), p.105-16

(*149) **体験の数を認知するほど時間を長く感じる** Ichikawa M & Miyoshi M. "Perceived Duration Depends Upon Target Detection in Rapid Serial Visual Presentation Sequence", i-Perception, 2020, Vol.11(6)

(*150) **恐怖を感じると時間が長くなる(覚醒効果)** Gil S, Droit-Volet S. "Emotional time distortions: the fundamental role of arousal", Cogn. Emot., 2012, Vol.26(5), p.847-62 /Stetson C. et.al. "Does Time Really Slow Down during a Frightening Event?", PLoS ONE, 2007, Vol.2(12), e1295

(*151) **楽しい刺激があると時間が早く過ぎる(ドーパミン覚醒効果)** Soares S. et.al. "Midbrain dopamine neurons control judgment of time", Science, 2016, Vol.354(6317), p.1273-1277

(*152) **コンパッション・フェード** Butts, Marcus M. et.al. "Helping one or helping many? A theoretical integration and meta-analytic review of the compassion fade literature", *Organizational Behavior and Human Decision Processes*, 2019, Elsevier BV. Vol.151, p.16-33

(*153) **犠牲者の数が増えると共感できなくなる** Slovic, Paul, et.al. "Psychic numbing and mass atrocity", *New York University School of Law*, 2011, p.1-17

(*154) **パレイドリア** Akdeniz G. et.al. "Neural mechanisms underlying visual pareidolia processing: An fMRI study", Pak J Med Sci. 2018, Vol.34(6), p.1560-1566

(*155) **脳内には人の顔を認識する領域がある** Kanwisher N. & Yovel G. "The fusiform face area: a cortical region specialized for the perception of faces", Philos. Trans. R. Soc. Lond. B Bio. Sci. 2006, Vol.361, p.2109-28

(*156) **公正世界仮説** *Lerner, Melvin J. & Montada, Leo, (1998) "An Overview: Advances in Belief in a Just World Theory and Methods", In Montada, L.; Lerner, M. J. (eds.). Responses to Victimizations and Belief in a Just World. Critical Issues in Social Justice. New York: Plenum. p.1–7/* Furnham, Adrian (2003). "Belief in a just world: research progress over the past decade". Personality and Individual Differences. 34 (5): 795-817

(*157) **公正世界仮説を信じている人は生活の満足度と幸福度が高まる** Lipkus, I.M. et al. "The Importance of Distinguishing the Belief in a Just World for Self Versus for Others: Implications for Psychological Well-Being", *Personality and Social Psychology Bulletin*, 1996, Vol.22(7), p.666-677/Ritter, C. et.al., "Belief in a just world and depression", *Sociological Perspective*, 1990, Vol.25, p.235-252

(*158) **公正世界仮説を信じている人はいじめをしない** Correia, I., & Dalbert, C. "School Bullying", *European Psychologist*, 2008, Vol.13(4), 248254

(*159) **現実的なゴールを目指しているほうが幸福度が高い** Bühler, J.L et.al. "A closer look at life goals across adulthood: Applying a developmental perspective to content, dynamics, and outcomes of goal importance and goal attainability", *European Journal of Personality*, 2019, Vol.33(3), p.359-384

(*160) **エンダウド・プログレス効果** Zhang, Y., & Huang, S.-C. "How endowed versus earned progress affects consumer goal commitment and motivation", *Journal of Consumer Research*, 2010, Vol.37(4), p.641-654

Epilogue

(*161) **バイアスの盲点** Pronin, E. et.al., "The Bias

2009, Vol.23 (8), p.1122-1136/ John J. Skowronski, et. al., "Chapter Three - The Fading Affect Bias: Its History, Its Implications, and Its Future, Editor (s): James M. Olson, Mark P." Zanna, Advances in Experimental Social Psychology, Academic Press, Vol. 49, 2014, p.163-218

(*129) **ナルシストはFABが低い** Ritchie, T.D. et.al., "Narcissism Distorts the Fading Affect Bias in Autobiographical Memory: Narcissism and the fading affect bias", 2015, *Applied Cognitive Psychology*, Vol.29(1), p.104-114

6時限目

(*130) **避難指示が出されても避難する人は少ない** 災害時の心理学～正常性バイアス～ 立法と調査 2019. 9 No. 415(参議院常任委員会調査室・特別調査室)

(*131) **システム正当化** Jost, J. T., & Banaji, M.R. "The role of stereotyping in system-justification and the production of false consciousness", British Journal of Social Psychology, 1994, Vol.33(1), p.1-27/ Jost, J. T., & Hunyady, O. "Antecedents and consequences of system-justifying ideologies", Current Directions in Psychological Science, 2005, Vol.14(5), p.260-265

(*132) **赤信号で横断報道を渡る人はフランスで40%、日本では2%** Pelé M. et.al. "Cultural influence of social information use in pedestrian road-crossing behaviours" R. Soc. Open Sci., 2017, Vol.4(2), 160739.

(*133) **SNS上では正しい情報より誤情報のほうが拡散されやすい** Sharma M. et.al. "Zika virus pandemic-analysis of Facebook as a social media health information platform", Am. J. Infect. Control. 2017, Vol.45(3), p.301-302

(*134) **バックファイア効果** Nyhan, B. & Reifler, J. "When Corrections Fail: The Persistence of Political Misperceptions", *Polit. Behav., 2010*, Vol. 32, p.303-330

(*135) **保守派の人はバックファイア効果の傾向が強い** Bail CA, et.al. "A. Exposure to opposing views on social media can increase political polarization", Proc. Natl. Acad. Sci. USA., 2018, Vol.115(37), p.9216-9221

(*136) **自制バイアス** Nordgren, Loran F. et.al. "The Restraint Bias: How the Illusion of Self-Restraint Promotes Impulsive Behavior". *Psychological Science*, 2009, Vol.20 (12), p.1523-1528

(*137) **ツァイガルニク効果** *Zeigarnik, Bluma, "Das Behalten erledigter und unerledigter Handlungen" Psychologische Forschung (in German), 1938, Vol.9, p.1–85*

(*138) **スマートフォンが机の上にあると学習力を阻害する** Adrian F. Ward et al. "Brain Drain: The Mere Presence of One's Own Smartphone Reduces Available Cognitive Capacity", *Journal of the Association for Consumer Research*, 2017, Vol.2(2)

(*139) **ダチョウ効果** Galai, D. & Sade, O. "The "ostrich effect" and the relationship between the liquidity and the yields of financial assets", Journal of Business, 2006, Vol.79, p.2741-2759/ Karlsson, N. et.al. "The ostrich effect: Selective attention to information", Journal of Risk and Uncertainty, 2009, Vol.38, p.95-115

(*140) **米国の囚人は服役中に体重が増える** B. Wansink, "Mindless Eating: Why we eat more than we think", New York Bantam, 2006

(*141) **体重計に乗らない人ほど減量しにくい** Wing RR, et.al., "STOP regain: are there negative effects of daily weighing?" J. Consult. Clin. Psychol., 2007, Vol.75(4), p.652-6

(*142) **ヘルシーなメニューがあるとジャンクフードを注文する** K. McGonigal, "The Willpower Instinct: How Self-Control Works, Why It Matters, and What You Can Do To Get More of It", Avery, 2011

(*143) **モラル・ライセンシング** Merritt, A.C., et.al. "Moral self-licensing: When being good frees us to be bad", Social and Personality Psychology Compass, 2010, Vol.4, p.344-357/ Blanken, I. et.al. "A meta-analytic review of moral licensing", Personality and Social Psychology Bulletin, 2015, Vol.41(4), p.540-558

(*144) **道徳的に正しいことをすると人に厳しくなる** Zhong, Chen-Bo et al. "A clean self can render harsh moral judgment." *Journal of Experimental Social Psychology*, 2010, Vol.46, p.859-862

7時限目

(*145) **内集団ひいき** Efferson, Charles, et.al. "The Coevolution of Cultural Groups and Ingroup Favoritism", Science, 2008, Vol.321(5897), p.1844-1849

(*146) **わら人形論法** Talisse, Robert &

Immersion in Natural Settings", PLoS One, 2012, Vol.7(12), e51474

5時限目

(*109)**額面効果** Raghubir, Priya & Srivastava, Joydeep. "The Denomination Effect", Journal of Consumer Research, 2009, Vol.36, p.701-13
(*110)**双曲割引** David Laibson, "Golden Eggs and Hyperbolic Discounting", *The Quarterly Journal of Economics*, 1997, Vol.112(2), p.443-478／Hampton, W.H, et.al. "Dissociable frontostriatal white matter connectivity underlies reward and motor impulsivity", Neuroimage, 2017, Vol.150, p.336-43
(*111)**双曲割引が強い人は65歳のときの貯蓄額が1万9000ドル低い** Goda, GS, et.al. "Predicting Retirement Savings Using Survey Measures of Exponential-Growth Bias and Present Bias", IZA DP No.11762, 2018
(*112)**貯蓄できない人は将来の自分と現在が同一化できていない** Ersner-Hershfield H, et.al. "Saving for the future self: neural measures of future self-continuity predict temporal discounting", Soc. Cogn. Affect Neurosci., 2009, Vol.4(1), p.85-92
(*113)**コントラフリーローディング効果** Jensen, Glen D. "Preference for bar pressing over 'freeloading' as a function of number of rewarded presses". *Journal of Experimental Psychology*, 1963, Vol.65 (5), p.451-54
(*114)**イケア効果** Norton, Michael, et.al. "The IKEA effect: When labor leads to love", *Journal of Consumer Psychology*, 2011, Vol.22 (3), p.453-460
(*115)**猫にはコントラフリーローディング効果が見られない** Koffer, Kenneth & Coulson, Grant "Feline indolence: Cats prefer free to response-produced food" *Psychonomic Science*, 1971, Vol.24, p.41-42 ／ Delgado, M.M. et.al. "Domestic cats (*Felis catus*) prefer freely available food over food that requires effort", Anim. Cogn., 2022, Vol. 25, p.95-102
(*116)**インパクトバイアス** Wilson, Timothy D. & Gilbert, Daniel T. "Affective Forecasting: Knowing What to Want", *Current Directions in Psychological Science*, 2005, Vol.14 (3), p.131-4
(*117)**わたしたちは思ったよりもショックを引きずらない** Gilbert, D.T. et.al. "Immune neglect: A source of durability bias in affective forecasting", Journal of Personality and Social Psychology, 1998, Vol.75, p.617-638
(*118)**誇張された予想** Hilbert, M. "Toward a synthesis of cognitive biases: How noisy information processing can bias human decision making", *Psychological Bulletin*, 2012, Vol.138(2), p.211-237
(*119)**火災が起こる可能性は意外と低い(総務省消防庁令和元年消防白書)** https://www.fdma.go.jp/publication/hakusho/r1/chapter1/section1/para1/47630.html
(*120)**ディスポジション効果** Weber, Martin & Camerer, Colin, "The disposition effect in securities trading: an experimental analysis", *Journal of Economic Behavior & Organization*, 1995, Vol.33 (2), p.167-184
(*121)**プロスペクト理論** Kahneman, Daniel & Tversky, Amos, "Prospect Theory: An Analysis of Decision under Risk", *Econometrica*, 1979, Vol.47 (2), p.263-291
(*122)**プレコミットメント** Silva, Sara Graça Da, *Morality and Emotion*. Oxon: Routledge. p.45, 2016
(*123)**正常性バイアス** Omer H & Alon N. "The continuity principle: a unified approach to disaster and trauma", Am. J. Community Psychol., 1994, Vol.22(2), p.273-87
(*124)**歳をとると楽観的になりやすい** Reed AE. & Carstensen LL. "The theory behind the age-related positivity effect", Front. Psychol. 2012, Vol.3, Article 339
(*125)**誤信の継続的影響** Colleen M. Seifert, "The continued influence of misinformation in memory: What makes a correction effective?", Psychology of Learning and Motivation, Academic Press, 2002, Vol.41, p.265-292
(*126)**擬似確信効果** Tversky, A. & Kahneman, D. "The framing of decisions and the psychology of choice", Science, 1981, Vol.211 (4481), p.453-458
(*127)**不確実な状況だとリスクの高い選択をする** Rizzo, James, "Newcomb's Problem for Decision Theory and Critical Theory", *Rethinking Marxism*, 2005, Vol.17 (3), p.471-485
(*128)**衰退効果バイアス(FAB)** Walker, W. Richard & Skowronski, John J. "The Fading affect bias: But what the hell is it for?" *Applied Cognitive Psychology*,

Cambridge, UK: Cambridge University Press
(*90) **アンパッキングで計画の誤謬を防ぐ** Kruger, Justin & Evans, Matt. "If you don't want to be late, enumerate: Unpacking Reduces the Planning Fallacy", *Journal of Experimental Social Psychology*, 2003, Vol.40 (5), p.586-598
(*91) **権威バイアス** Milgram, Stanley, "Behavioral study of obedience" *The Journal of Abnormal and Social Psychology*, 1963, Vol.67 (4), p.371-378
(*92) **人数が多くなると相手を助けに行かなくなる** Darley, J.M., & Latané, B. "Bystander intervention in emergencies: Diffusion of responsibility", *Journal of Personality and Social Psychology*, 1968, Vol.8, p.377-383
(*93) **傍観者効果** S.J. Karau & K.D. Williams, "Social Laofing: A meta-analytic review and theoretical integration", J. Pers. Soc. Psychol., 1993, Vol.65, p.681-706
(*94) **多元的無知** Miller, Dale T. & McFarland, Cathy, "Pluralistic ignorance: When similarity is interpreted as dissimilarity", *Journal of Personality and Social Psychology*, 1987, Vol.53 (2), p.298-305
(*95) **責任が拡散するリンゲルマン効果** M. Ringlmann, "Recherches sur les moteurs animes: Travail de l'homme", Annales de l'Institut National Argonomique, 1913, Vol.12, p.1-40
(*96) **リハーサル効果** Liu LL. & Park DC. "Aging and medical adherence: the use of automatic processes to achieve effortful things" Psychol. Aging, 2004, Vol.19(2), p.318-25/ When I'm 64, National Research Council (US) Committee on Aging Frontiers in Social Psychology, Personality, and Adult Developmental Psychology; Carstensen LL, Hartel CR, editors.
(*97) **グループシンク** Janis, Irving, "*Groupthink: Psychological Studies of Policy Decisions and Fiascoes*", 2nd edition (Boston: Houghton Mifflin Company, 1982)
(*98) **内集団バイアス** Tajfel, H. et.al. "Social categorization and intergroup behaviour", European Journal of Social Psychology, 1971, Vol.1, p.149-178
(*99) **外集団同質性効果** Rubin, M. et.al. "Gender out-group homogeneity: The roles of differential familiarity, gender differences, and group size" In V. Yzerbyt, C. M. Judd, & O. Corneille (Eds.), The psychology of group perception: Perceived variability, entitativity, and essentialism (p.203-220). 2004, New York: Psychology Press
(*100) **多数派(同調)バイアス** Haun, D.B.M. et.al. "Majority-biased transmission in chimpanzees and human children, but not orangutans", *Curr Biol. 2012*, Vol.22(8), p.727-731／Sibilsky, A. et al. "Expanding the understanding of majority-bias in children's social learning", *Sci. Rep. 2022*, Vol. 12, p.6723
(*101) **パーキンソンの凡俗法則** Parkinson, C. Northcote, "*Parkinson's Law, or the Pursuit of Progress*", John Murray, 1958
(*102) **グループで考えると意見が極端になる** J.A.F. Stoner, "A Comparison of individual and group decisions involving risk", Massachusetts Institute of Technology
(*103) **投資したがる人が集まるとリスクの高い選択をする** G. Whyte, "Escalating Commitment in Individual and Group Decision Making: A Prospect Theory Approach", Organizational Behavior and Human Decision Processes, 1993, Vol.54(3), p. 430-455
(*104) **サンクコスト効果** Parayre, Roch, "The strategic implications of sunk costs: A behavioral perspective", *Journal of Economic Behavior & Organization*, 1995, Vol. 28(3), p.417-442
(*105) **コンコルドの誤謬** Arkes, H.R. & Ayton, P. "The sunk cost and Concorde effects: Are humans less rational than lower animals?", Psychological Bulletin, 1999, Vol.125(5), p.591-600
(*106) **確実性効果** Tversky, Amos & Kahneman, Daniel, "Rational Choice and the Framing of Decisions", *The Journal of Business*, 1986, Vol.59 (S4), p.S251
(*107) **圧倒される環境では短絡的な視点となる** Eddie Harmon-Joes, et.al., "Does Negative Affect Always Narrow and Positive Affect Always Broaden the Mind? Considering the Influence of Motivational Intensity on Cognitive Scope", Current Directions in Psychological Science, 2013, Vol.22(4), p.301-307
(*108) **自然のなかで過ごすと創造性と問題解決力が高まる** Ruth Ann Atchley, et.al. "Creativity in the Wild: Improving Creative Reasoning through

付録

「認知バイアス」ミニ事典

「認知バイアス」はつねに新しく発見されている

認知バイアスは脳科学・心理学・行動経済学など多岐にわたる研究分野で発見されたもの。内容は同じでも名称が違ったり、系統的にまとめられていないのが現状です。

そこでミニ事典では初心者にもわかりやすいよう脳科学の観点から独自に分類しました。相関図も本来はより複雑ですが、簡略化しています。

全体像を理解する手助けになれば幸いです。

「認知バイアス」の相関図

論理バイアス

代表性
ヒューリスティック

注目バイアス

確証バイアス
アイソレーション効果
特徴バイアス
コントロール幻想

ダチョウ効果

現在バイアス

現状維持バイアス
確実性効果
双曲割引
理不尽な継続
コミットメントの拡大
センメルヴェイス反射
保守化バイアス
努力の正当化
計画継続バイアス

ポジティビティ
バイアス
計画の誤謬
自己参照効果

ネガティビティ
バイアス
保有効果
損失嫌悪
ゼロリスクバイアス

プロスペクト理論
ディスポジション効果
サンクコスト効果

楽観主義
バイアス
バラ色の回顧
ギャンブラー
の誤謬

悲観主義
バイアス
凋落主義
歴史の
終わり錯覚

セルフハンディキャッピング
システム正当化
モラル・ライセンシング
正常性バイアス
誤信の継続的影響
疑似確信効果

社会バイアス／公正世界仮説

イマジネーション膨張／クリプトムネシア
信念の書き換え／スポットライト効果

権威バイアス
ピグマリオン効果
バンドワゴン効果

多数派バイアス

グループシンク
内集団バイアス／多元的無知
外集団同質性効果／傍観者効果
パーキンソンの凡俗法則／バックファイア効果

学習バイアス
記憶の生成効果／間隔効果
グーグル効果

時間バイアス
頻度バイアス／覚醒効果
代謝バイアス／レミニセンスバンプ

わら人形論法

本書に登場した認知バイアスを含む代表的な121種類の認知バイアスの相関関係がわかる図です。正確にはもっと複雑ですが、本書向けにわかりやすく簡易的に表現させていただきました。認知バイアスを深く知りたい方への参考になれば幸いです。

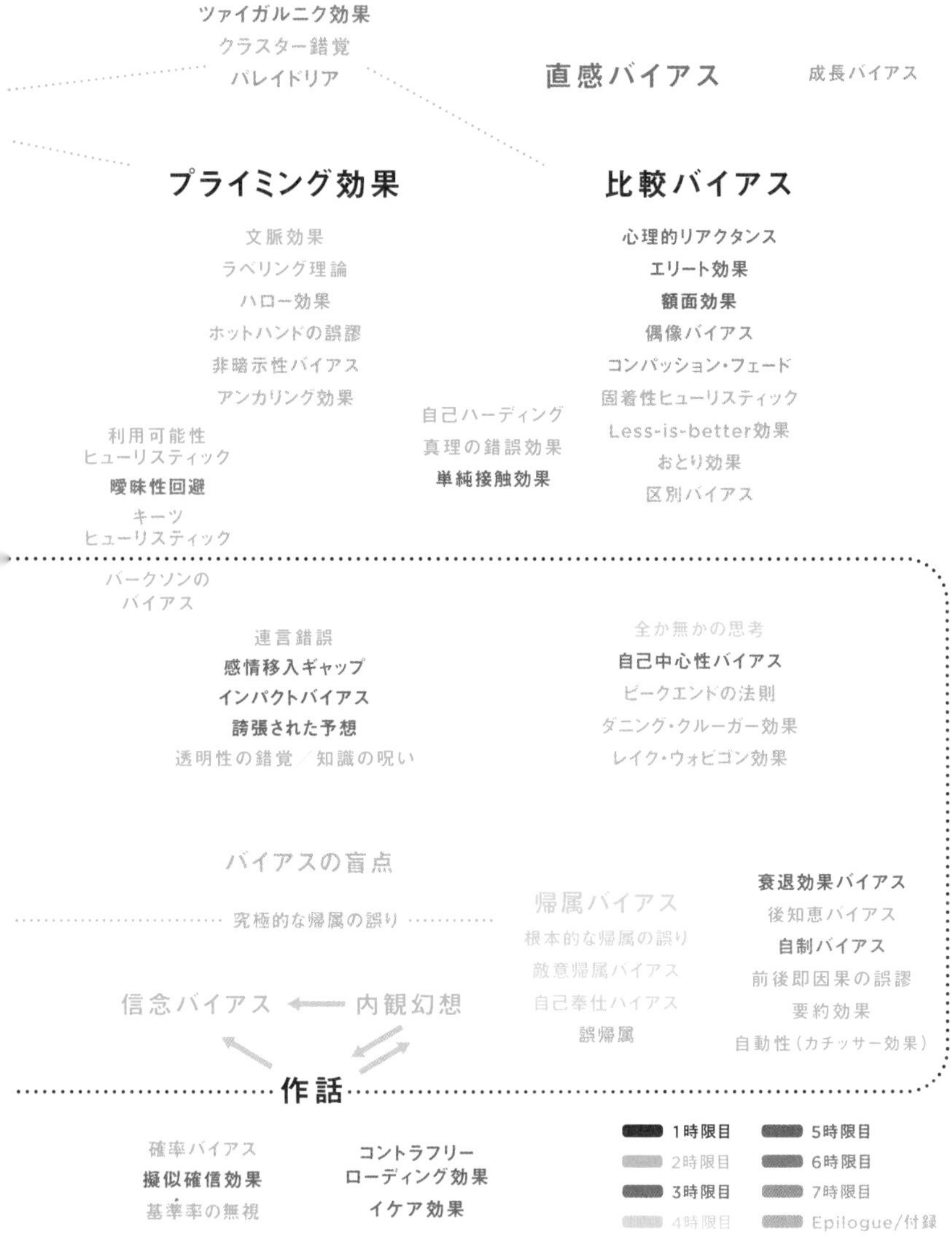

◎1 ········注目バイアス(Attentional bias):いったん気にしはじめると、急にそれを頻繁に目にするようになる傾向のこと。バーダー・マインホフ効果(Baader-Meinhof effect)、頻度錯誤(Frequency illusion)も同じ認知バイアス。······P22,P24-29,P50-51,P58-59,P99,P134

関連するバイアス

- **確証バイアス**(Confirmation bias):自分がすでにもっている先入観や仮説を肯定するため、自分にとって都合のよい情報ばかりを集める傾向性のこと(適合バイアス[Congruence bias]とも呼ばれる)。······P29,P56,P60,P62
- **アイソレーション効果**(Isolation effect)/**フォン・レストルフ効果**(Von Restorff effect):目立っているものが記憶によく残る効果。······P29,P58-59
- **コントロール幻想**(Illusion of control bias):実際には自分とは関係のない現象を自分がコントロールしていると錯覚すること(晴れ女・雨男、宝くじは当たる)。
- **変化盲**(Change blindness):知らぬ間に変化すると、変化したことに気づかない傾向。
- **擬人化/人間中心主義**(Anthropomorphism):人間以外の動植物、無生物、自然、神仏などに対し人間と同様の姿形、性質を見いだす傾向。
- **研究テーマの期待効果**(Subject expectancy effect):結果が期待されている場合、研究者が無意識の内にデータを誤って解釈してしまう傾向。
- **観察者期待効果**(Observer-expectancy effect):観察して期待したものだけを見てしまう効果。
- **著しく並外れた効果**(Bizarreness effect):奇妙な素材が一般の素材よりもよく覚えられる傾向。[162]
- **実験者バイアス**(Experimenter bias):自分の予測と一致するデータを重視し、反するデータを無視する傾向。または実験者の期待が被験者(実験対象者)の行動に及ぼしてしまう影響。
- **機能的固定**(Functional fixedness):あるものを伝統的な方法でしか使用できないように制限して考えてしまう傾向。[163]

◎2−1····行動のプライミング効果(Priming effect):最初に受けた刺激(情報)によって、行動が無意識に変化するバイアス。······P22,P30-36,P64,P68,P111,P235,P283

関連するバイアス

- **ラベリング理論**(Labeling theory):与えられた名称で判断や行動が影響される。······P34
- **ホットハンドの誤謬**(Hot-hand fallacy):賭博など、ランダムなイベントでうまくいくと、次もうまくいくと考えてやめられなくなる傾向。
- **非暗示性バイアス**(Suggestibility):他人から提案されたことに基づいて行動してしまう傾向。

◎2−2····考え方のプライミング効果

関連するバイアス

- **文脈効果**(Context effect):前後の刺激によって、印象の残り方が変わる現象。内装が豪華なレストランの料理はおいしく感じ、高い値段のものは高品質だと感じる。······P36,P63,P67-70
- **代表性ヒューリスティック**(Representativeness heuristic):あるものの代表的な特徴と合致しているならば、それに近いだろうと直感的に判断すること/トム問題。······P36,P63-65,P67,P69-70
- **ハロー効果**(Halo effect):目立ちやすい特徴に引きずられて、ほかの特徴についての評価が歪められる傾向(芸能人や政治家の二世は、現実より実力があるように見える)。

- **間違った転移**(Illicit transference)：ある言葉が分配的な意味(階級の各構成員を指す)と集合的な意味(階級そのものを全体として指す)のあいだに違いがないと思い込む間違い。「しっかりしたお嬢さんは、きっとよいお家柄だろう」など。
- **連言錯誤**(Conjunction fallacy)：特定の言葉に引きずられて全体の判断が歪むこと。……P63,P67
- **焦点錯覚**(Focusing illusion)：最初に接した情報に引きずられ、ものごとの全体像ではなく一部分の側面しか見ようとしない傾向。道で500円を拾った。その直後に幸福度が上がる。なぜならそのとき「500円を拾った」ということだけを考えているから。
- **アンカリング効果**(Anchoring effect)：最初に与えられた数字を基準にして、次の数字の認識が変わる。ひとつのグループには「1×2×3×4×5×6×7×8」の順番で、もうひとつのグループには「8×7×6×5×4×3×2×1」の順番で提示。すると前者の推測値は小さく(中央値が512)、後者の推測値は大きくなった(中央値が2,250)。
- **固着性ヒューリスティック**(Anchoring and adjustment heuristic)：最初に与えられた情報を基準として、それに調整を加えることで判断するという意思決定プロセス。「係留と調整ヒューリスティック」ともいう。同じものでも、「定価は5万円」と言われるのと「定価は8万円だが、いまなら5万円」と言われるのでは、後者のほうが安く感じる。
- **比例バイアス**(Proportionality bias)：大きな出来事には大きな原因があると思い込む傾向(陰謀論)。
- **知識の呪い**(Curse of knowledge)：自分の知っていることは、他人も知っていると思い込む傾向。……P76,P79
- **フォールスコンセンサス**(False consensus)：自分と同じ考えをもっている人や、同じ行動をする人の割合を過大評価する傾向。*164

◎2－3……感情のプライミング効果

関連するバイアス

- **感情移入ギャップ**(Empathy gap)：怒ったり恋愛したりしているときに、その感情をもたない視点で考えることができない傾向。ある感情がないとき、その感情がある状態を想像できないこと。……P36,P110,P112,P114-116
- **インパクトバイアス**(Impact bias)：将来経験するであろう事件の心理的衝撃や長さを過大に推測する傾向。人は思っていたほど不幸にならない。……P36,P234-235,P237
- **誇張された予想**(Exaggerated expectation)：現実世界は予想していたよりも、普通である傾向(心配事は起こらない)。……P234,P236-237
- **投影バイアス**(Projection bias)：いまの感情や考えが、未来でも同じままであると思い込む傾向。「感情予測のエラー」に関連。お腹が空きすぎるとたくさん注文。
- **気分一致効果** (Mood congruence memory bias)：いい気分のときにはいい情報を、悪い気分のときには悪い情報をよく思い出す傾向。
- **感情予測のエラー**(Affective forecasting)：将来における自分の感情の予測を間違えること。宝くじが当たると幸福になると想像するが現実は違う。不安なことは起きないのと同じ。

◎3………比較バイアス(コントラスト効果)(Contrast effect)：まわりの影響で対象が歪められる。比較効果。……P22,P37-41,P126-127,P129-130,P132

関連するバイアス

- **心理的リアクタンス**(Psychological Reactance)：強制されると反抗したくなる。……P117-123

- **偶像バイアス**(Idolizing bias)：敵をつくって言い負かすと正しいと思う(わら人形論法)。……P290,P294-295
- **エリート効果**(Elite effect)：エリートは公平性より効率性を重視して、不平等に寛容になるバイアス。……P41,P126,P129
- **レイク・ウォビゴン効果**(The Lake Wobegon effect)：自分はほかの人より優れていると過大評価してしまう心理傾向。95%は「自分は事故を起こさない」と思い込んでいる。優越の錯覚(Illusory superiority)とも言われる。
- **額面効果**(Denomination effect)：同じ金額でも小さい額面のお金のほうが大きな額面のお金より使ってしまう傾向。……P220-222
- **コンパッション・フェード**(Compassion fade)：犠牲者が多いと同情心が薄れてしまう(ロシアとウクライナの戦争)。……P301
- **全か無かの思考／スプリッティング**(Splitting)：グレーがなく、ものごとのすべてを白か黒かで認識。少しでもミスがあれば完全な失敗だと考える。……P182-183
- **Less-is-better効果**(Less-is-better effect)：安い商品カテゴリのなかの高い商品のほうがうれしい。55ドルのコートより、45ドルのスカーフのほうがうれしい。1000円のランチを奢られるより、1粒1000円のチョコをもらったほうがうれしい。
- **社会的比較バイアス**(Social comparison bias)：身体的、社会的、または精神的に自分よりも優れていると見なされる人に対して、嫌悪感や競争心を抱く傾向。
- **メンタルアカウンティング**(Mental accounting)：利用目的や取得方法によって金銭の価値や使用基準が変化する心理現象。同じ1万円でも給与として口座に入っている1万円と、部屋の掃除中にたまたま見つけた1万円では、たまたま見つけた1万円のほうが気軽に使う傾向。
- **おとり効果**(Decoy effect)：実際には選ばれることのない選択肢を混入させることによって、意志決定が変わる効果。
- **区別バイアス**(Distinction bias)：2つの選択肢を別の機会に評価すると似ていると感じるが、同時に評価すると似ていないと感じる傾向。別々に評価するよりも、同時に2つを評価したほうが特徴がわかる効果。*165

◎4………現在バイアス(Present bias)：将来よりも現在を優先するバイアス(確実性)。……P23,P42-43,P45-48,P171,P209,P213-214,P224-225

関連するバイアス

- **現状維持バイアス**(Status quo bias)：何か問題が出ないかぎり、現状維持を望む傾向。……P44,P171-174
- **確実性効果**(Certainty effect)：成功率90%から80%に減じるより、100%から90%に減じるほうが不快。……P44,P208-213
- **双曲割引**(Hyperbolic discounting)：遠い将来なら待てるが、近い将来ならば待てない傾向。……P44,P224-229,P272-273
- **システム正当化**(System justification theory)：現状のやり方にたとえ問題があったとしても、未知のわけのわからないやり方を選択するよりも、知っている現状のやり方を選択しようとする傾向。……P44,P262,P264,P266
- **正常性バイアス**(Normalcy bias)：異常な状態にいるにもかかわらず、それを正常だと認識することで強いストレスを感じないようにする傾向。……P44,P243-245,P258-261
- **モラル・ライセンシング**(Moral licensing)：よいことをしたあとは、悪いことをしてもよい(ランニング

後にビールを飲んでよい)……P284,P286-288

- **計画継続バイアス**(Plan continuation bias):状況の変化に直面しても既存の行動方針を継続させる傾向。
- **理不尽な継続**(Irrational escalation):信じてコツコツと継続してきたことが、間違いだということが明らかになってもそれを継続してしまう傾向。……P44
- **コミットメントの拡大**(Escalation of Commitment):一度コミットした行動を続けてしまう傾向。
- **保守化バイアス**(Conservation bias):新しい証拠を出されても自分の信念を修正しない傾向。……P44
- **ダチョウ効果**(Ostrich effect):明白な危機的状況を無視する傾向(ダイエットしているのに体重を量らない)。……P44,P280-281
- **セルフハンディキャッピング**(Self-handicapping):全力を出さない傾向(テスト前に掃除する)。……P44,P189-192
- **センメルヴェイス反射** (Semmelweis reflex):通説にそぐわない新事実を拒絶する傾向。常識から説明できない事実を受け入れない傾向。
- **努力の正当化**(Effort justification):結果の客観的価値よりも、努力して手に入れた結果に価値を見いだす人の傾向。

◎5………作話(False memory):真実ではなく勝手に記憶をゆがめる傾向。……P23,P49-53,P55,P78,P136

関連するバイアス

- **自己中心性バイアス**(Egocentric bias):過去が都合よくねじ曲げられる傾向(釣った魚の大きさが実際よりも大きくなる、テストの点数を誇張)。……P54,P126-132,P214,P216
- **衰退効果バイアス**(Fading affect bias[FAB]):嫌な記憶はいい記憶よりも早く忘れる傾向、ナルシストはFABが低い。……P251,P254-255
- **後知恵バイアス**(Hindsight bias):ものごとが起きてからそれが予測可能だったと考える傾向。……P54,P105-108
- **前後即因果の誤謬**(Post hoc ergo propter hoc):ある事象が別の事象のあとに起きたことをとらえて、前の事象が原因となってあとの事象が起きたと判断する誤謬(因果の誤謬)。「わたしは、あなたが問題の原因だと思わずにはいられません。なぜなら、あなたがこのアパートに引っ越してくるまでなんの問題もなかったのですから」……P55,P94,P96
- **要約効果**(Verbatim effect):伝言ゲームが正しく伝わらない理由。話の内容よりも話の要約を記憶する現象。……P55,P101-103,P135
- **自動性**(Automaticity):ハーバード大学のコピー機の実験。「○○なので△△してもらえませんか?」と理由を加えるだけで、引き受けてしまう(カチッサー効果とも)。……P89,P91, P93,P96
- **透明性の錯覚**(Illusion of transparency):自分の感情や考えていることが、実際以上に他者に伝わっていると思うバイアス。1998年にコーネル大学心理学教授のトーマス・ギロヴィッチ氏らが発見。……P54,P76,P78-81
- **ピーク・エンドの法則**(Peak-end rule):過去の経験をその時間や経過ではなく、その絶頂(ピーク)時にどうだったかと、どう終わったかだけで判断してしまう傾向。クオリティの高い(そして値段も高い)レストランで帰りぎわに店主たちが店の外で見えなくなるまで見送ってくれると、接客に最善を尽くしてくれたと記憶する。……P54
- **錯誤相関**(Illusory correlation):関係がない2つの出来事に関係があると思い込んでしまう錯覚。

- **誤信の継続的影響**(Continued influence of missinformation)：間違った信念が、訂正された後も持続する傾向(不正が何度も続く)。……P247,P249-250
- **誤情報効果**(Misinformation effect)：あとから入ってくる情報によって、記憶が不正確になる傾向。子どもは大人より誤情報効果の影響を受けやすく、ワーキングメモリの能力が高い人ほど影響を受けにくい。内向的で直観的な人、イメージ能力の高い人は影響を受けやすい。参加者同士がペアになって議論すると、お互いの記憶を均質化する効果。
- **一貫性バイアス**(Consistency bias)：自分は昔からそうだったと記憶を歪めてまで自分を正当化する傾向。
- **クリプトムネシア／隠された記憶**(無意識の記憶の改ざん)(Cryptomnesia)：見聞きした経験を忘れて、その情報を「自分で考えついた」と思う傾向。盗作や芸風もしかり。[166]
- **コンファビュレーション**(Confabulation)：記憶のなかで無意識のうちにすり替えられてつくられた幻想(宇宙人に拉致されたとセラピストによって誤った記憶をうえつけられるなど)。
- **イマジネーション膨張**(Imagination inflation)：起きていないことを想像しているうちに、親しみが湧いてそれが真実であると感じる脳の作話。[167]
- **信念の書き換え**(Belief revision)：新しいエビデンスが提供されると、これまで信じていたことが変わる傾向。[168]
- **スポットライト効果**(Spotlight effect)：自分の外見あるいは行動が他者から注目されている程度を過大評価する傾向。[169]
- **外部要因幻想**(Illusion of external agency)：自分によいことが起きたとき、それは外的要因のせいだと思う傾向。

◎6………**利用可能性ヒューリスティック**(Availability heuristic)：プライミング＋現在バイアス。思い出しやすい情報だけに基づいて判断する傾向(スムーズに思い出せるほど、脳はその割合を多く見積もる)。……P36,P72,P166,P170

関連するバイアス

- **置換バイアス**(Substitution bias)：「ざっと計算したことにしてしまう」という傾向。「バットとボールを合わせると1.1ドル。バットのほうがボールより1ドル高い。ボールはいくらですか？」の質問に0.1ドルと答えてしまう人が多い(答えは0.05ドル)。バット1.05ドル＋ボール0.05ドル＝1.1ドル。
- **バークソンのパラドクス**(Berkson's paradox)：一部を欠落したデータを無自覚に使うことで、真実を歪めた統計結果を生み出してしまう傾向。バークソンのバイアスとも言う。……P72,P75
- **曖昧性効果**(曖昧性の回避)(Ambiguity Aversion)：曖昧なものは避ける傾向。数字で示すほうがよい。……P166,P170
- **キーツ・ヒューリスティック**(Keats heuristic)：流暢で美しい言葉は正しいと判断される傾向。
- **流暢性の処理**(認知容易性)(Processing fluency)：理解しやすいほうを正しいとする(英語を母国語とする人と外国人が話すのでは、母国語のほうが正しいと思われる確率が10%高まる)。

◎7………**内観幻想**(Introspection illusion)：自分の精神状態の「起源」を理解していると思い込み、他人の内観を信頼できないものとして扱う傾向。すべての帰属のエラーの原因。また自分自身についても誤って解釈してしまう原因。……P53,P153

◎8………**ネガティビティバイアス**(Negativity bias)：ポジティブな情報よりもネガティブな情報のほうが、行動に強い影響を与える傾向(SNSでいいねを200もらっても、1つの批判で落ち込む)。睡眠不足になると強くなる。加齢とともに低下していく。若いときのほうが疑い深い。……P133-136,P139,P147,P248

関連するバイアス

- **悲観主義バイアス**(Pessimism bias)：ネガティブな出来事を過大評価し、ポジティブな出来事を過小評価する傾向。……P54,P133,P136-137,P138-139,P147
- **凋落主義**(Declinism)：社会や組織が凋落しつつあると考え、過去を美化し、将来を悲観する傾向。……P154,P158
- **歴史の終わり錯覚**(End-of-history illusion)：年齢を問わず、自分は現在までに大きな変化をしてきたが、今後は大きく成長したり成熟したりすることはないと考える心理的錯覚。
- **プロスペクト理論**(Prospect theory)：人は得より損しないことを選ぶ。……P238-240
- **ディスポジション効果**(Disposition effect)：株などの資産が値上がりしたときには売りたがるが、値下がりしたときには売りたがらない傾向。……P238-240,P242
- **サンクコスト効果**(Sunk cost effect)：これまで費やした費用、時間、人命などが無駄になることを恐れて、それまでに行なってきた行為を正当化するために非合理的な判断をする傾向。サンクコストとは「サンク(sunk：沈んだ)」と「コスト(費用)」で「埋没費用」という意味。「コンコルドの誤謬」も同じ認知バイアス。……P208
- **保有効果**(Endowment effect)：一度何かを所有すると、それを手に入れる以前に支払ってもいいと思っていた以上の犠牲を払ってでも、それを手放したがらない傾向。
- **損失嫌悪**(Loss aversion)：同等の利益を得るよりも損失を回避することを好む傾向。
- **フレーミング効果**(Framing effect)：情報の提示の仕方で、同じ情報から異なる結論を引き出す効果。「95%の確率で成功する手術と5%の確率で失敗する手術どちらを選ぶ？」と聞かれた場合、どちらも確率は同じだが前者を選びがち。ものごとのとらえ方で印象が変わる効果。
- **反射的逆評価**(Reactive devaluation)：相手の意見を反射的に低く評価する傾向。*170
- **ゼロリスクバイアス**(Zero risk bias)：危険を5から1にするより、ゼロにすることを意識してしまう傾向。

◎9………ポジティビティバイアス(Positivity bias)：よい点を見ようとする傾向。*171

関連するバイアス

- **計画の誤謬**(Planning fallacy)：計画の達成にかかる時間、コスト、リスクを過小評価する傾向。歳をとるほど大きくなる。……P189,P192-193
- **自己参照効果**(Self-reference effect)：自分に関係のあることは、よく覚えている傾向。目的をもって学習すると、記憶力が自然と上がる。……P29,P159,P161-162
- **楽観主義バイアス**(Optimism bias)：悪いことは自分には起きないと考える傾向。ヨーロッパの離婚率は40%。この事実を示しても結婚したばかりの人たちに「あなたの離婚する確率は？」と尋ねると、ほとんどが「0%に近い」と答える。この認知バイアスをうまく使うと幸せになれるが行きすぎると改善しない人になってしまう(ダニング・クルーガー効果などにつながる)。歳をとるほど高まる傾向。……P29,P137-139,P192,P247-248
- **バラ色の回顧**(Rosy retrospection)：過去の出来事を、その時点での評価よりも、よい評価の記憶として思い出す傾向。過去を現在よりも不釣り合いに肯定的に判断する傾向。……P154, P158
- **ギャンブラーの誤謬**(Gambler's fallacy)：個人的な主観によって確率論に基づいた予測を行わない傾向。

◎10………信念バイアス(Belief bias)：特定の価値観や考え方を通して行動や認知が影響されるバイアス。仕事、お金、恋愛、ダイエット、人間関係まで分野別にその人それぞれの無数のバイアスが存在する。……P53,P182-188,P309

関連するバイアス

- **ゼロサム・バイアス**(Zero-sum bias):誰かが利益を得れば、誰かが損をすると考える傾向。
- **成果バイアス**(Outcome bias):ある出来事のプロセスを軽視し、結果のみに注目する傾向。
- **ステレオタイプ**(Stereotypes):型にはめようとする傾向。日本人はまじめで几帳面だ。
- **潜在的ステレオタイプ**(Implicit stereotypes):意識では知覚できない無意識の固定概念やものの見方。
- **本質主義**(本質履き違えバイアス)(Essentialism):複雑なことにはすべて本質があると思うが、その本質がずれていること。女の子は赤が好きで、男の子は青が好きなど。*172
- **プラセボ効果**(Placebo effect):効き目があると思い込むと、偽薬でも本当に症状が改善されてしまう効果。
- **外因性インセンティブバイアス**(Extrinsic incentives bias):人は本来やる気がなく、報酬を与えないと動かないと思い込む傾向。

◎11……権威バイアス(Authority bias):内容とは無関係でも、権威者の意見を評価し、その意見に影響される傾向。権威者に指令されると非人道的な行為を平然と行う(ミルグラム実験)。……P54,P194-195,P197,P243-245

関連するバイアス

- **ピグマリオン効果**(Pygmalion effect):他人からの期待にそうようにパフォーマンスが向上する効果。ホーソン効果(Hawthorne effect)とも呼ばれる。……P142-144,P147
- **ゴーレム効果**(Golem effect):悪い点を指摘すると本当にその通りになってしまう効果。……P142,P147
- **多数派(同調)バイアス**(Majority bias):どのように行動してよいか迷ったときに周囲の人と同じ行動をとることが安全と判断する心理傾向。……P203-204,P206,P262-264
- **バンドワゴン効果** (Bandwagon effect):ある選択が多数に受け入れられているとき、その選択への支持が一層強くなる効果(選挙速報)。バンドワゴンとはパレードの先頭を行く楽団のこと。人気があるとみんなが集まってくる。

◎12……グループシンク(Group think):グループで考えると愚かな結論になってしまうこと。集団浅慮(しゅうだんせんりょ)とも呼ばれる。……P203,P206

関連するバイアス

- **内集団バイアス**(In-group bias):自分が属している集団には好意的な態度をとり、外の集団には差別的な態度をとる傾向(出身どこ?)。「グループシンク」が生まれる理由。……P203,P206,P290-291,P294-295
- **外集団同質性効果**(Outgroup homogeneity bias):自分が属するグループ以外はみな、似たり寄ったりだと認識してしまう傾向。「グループシンク」が生まれる理由。……P203-204,P206,P294
- **ノットインベンティッドヒアー症候群**(Not Invented Here Syndrome):ほかの人や会社が開発したアイデアを採用したがらない傾向。
- **多元的無知**(Pluralistic ignorance):集団の大多数のメンバーが、内心では規範を拒否しているにもかかわらず、ほかの多くのメンバーがそれを受け入れていると誤って思い込んでいるために、その規範に従ってしまう状況。……P200,P203-204,P206
- **傍観者効果**(Bystander effect):ある事件に対して自分以外に傍観者がいるときに、率先して行動を起こさない傾向。……P198-202,P204,P207
- **パーキンソンの凡俗法則**(Parkinson's law of triviality):組織が些細なものごとに対して、不

釣り合いなほど重点を置く傾向。……P203-204

- **バックファイア効果**(Backfire effect):間違いを指摘されると、よりその間違いを信じてしまう効果。……P267,P269-270
- **身元のわかる被害者効果**(Identifiable victim effect):特定の誰なのかがわかるほうが困難のときに助ける傾向が高い。
- **デフォルト効果**(Default effect):複数の選択肢が与えられた場合、デフォルトのものを好む傾向(メールの署名、はじめてのレストランでまわりの人が頼んでいるものを選択)。
- **共有情報バイアス**(Shared information bias):集団においてすでに共有されている情報に関しての議論に多くの時間を費やし、共有されていない情報に関しては時間を費やさない傾向。
- **社会的望ましさのバイアス**(Social-desirability bias):「回答バイアス」(回答に偏りが正じること)の一種で調査回答者がほかの人から好意的に見られる方法で質問に答えようとする傾向。

◎13……帰属バイアス(Attribution bias):エラーの原因を自分や他人の行動によるものと考えたり、理由を求めたりすること。……P175-176,P178

関連するバイアス

- **根本的な帰属の誤り**(Fundamental attribution error):他者のあらゆる行動は、状況ではなくその人の内因的な要因(性格、人間性)から生じると思ってしまう傾向(事故を起こしたのは、その人の注意不足が原因だ)。……P175-178
- **敵意帰属バイアス**(Hostile attribution bias):誰かが話していると、自分の悪口を言っていると思う傾向。……P175,P178
- **自己奉仕バイアス**(Self-serving bias):成功の要因は自分に、失敗の要因は自分以外にあると考える傾向。……P54,P175,P178-179
- **究極的な帰属の誤り**(Ultimate attribution error):「根本的な帰属の誤り」のグループ版。外集団のネガティブな行動は、すべてそのグループの内因的な要因(性格、人間性)から生じると思ってしまう傾向(1979)。「グループシンク」が生まれる理由。
- **行為者・観察者バイアス**(Actor-observer bias):行為者として自分の行動の原因を考えるときは、状況を考慮する一方で、観察者として他者の行動の原因を考えるときには、行為者の性格や能力のような内的特性を重視する傾向。「根本的な帰属の誤り」と同じ。
- **集団帰属のエラー**(Group attribution error):一部を見て、グループは全部そうだと思い込む傾向。
- **防衛的帰属仮説**(Defensive attribution hypothesis):自分に似ている人を守りたくなる傾向。
- **特徴帰属バイアス**(Trait ascription bias):自分は性格や行動、気分が多様な存在だと思うが、他人はどんな状況でも予測できると思ってしまう傾向。
- **誤帰属**(Misattribution)…ものごとの原因をとり違えてしまうこと。ドキドキしたら、それは恋だと思ってしまうなど。*173

◎14……ダニング・クルーガー効果(Dunning–Kruger effect):知識がない人ほど自分に知識があると思い込む傾向。また知識が増えると自信が減る傾向。……P41,P82,P85-86,P88,P179,P273

関連するバイアス

- **自制バイアス**(Restraint Bias):自分は自制心が強く、誘惑に負けないと勘違いするバイアス。……P272-273
- **非対称な洞察の錯覚**(Illusion of asymmetric insight):自分は他人のことをよく理解している

が、他人は自分のことをあまり理解していないと思う傾向。

- **ナイーブ・リアリズム**(Naive realism):自分は、まわりの世界を客観的に見ているが、自分と意見が合わない人は情報が少なく、非合理的で、偏っているに違いないと考える傾向。
- **ナイーブ・シニシズム**(Naive cynicism):他者の判断には自己中心的な認知バイアスが見られると過度に予想する。上司はきっと、自分の手柄だと思っているに違いない。
- **自信過剰効果**(Overconfidence effect):判断の主観的な自信が、客観的な実際の評価よりも高くなる傾向。
- **優越錯覚**(Illusory superiority):得意なものは人より優れていると感じ、苦手なものは人より劣っていると過小評価する。
- **自尊心**(Self-esteem):多くのバイアスを生み出す張本人。自分のために現実を歪めてしまう。自尊心やプライドが高すぎる人、低すぎる人には、多くの認知バイアスがつくられる。……P84,P87,P106-107,P127,P179,P190-191

◎15……自己ハーディング(Self-herding):一度自分がした決断が自分の次の行動をしばり、考えなしに習慣化していくこと。……P36,P82-84,P87-88

関連するバイアス

- **真理の錯誤効果**(Illusory truth effect):間違った情報でも、何度も報道されているうちに本当だと考える効果。はじめて知った主張よりも、すでに知っている主張を正しいと考える傾向。……P82,P85
- **非適応的な選択の変更**(Non-adaptive choice switching):ある選択をした結果、悪い経験をすると、その選択が最適だったにもかかわらず、再び同じ場面に出くわしたとき、以前の最適だった選択を避ける傾向。
- **利用可能性カスケード**(Availability cascade):ある程度共有された信念はくり返し報道されるためその信念が強化される傾向。
- **妥当性の錯覚**(Illusion of validity):分析したデータに一貫性があると、仮説が正しかったと過大評価してしまう傾向(アマゾンのレビューは実際は正しくない)。

◎16……確率バイアス(Probability-related bias):確率に関する認知をゆがめてしまうバイアス。

関連するバイアス

- **スコープの無視**(Scope insensitivity):問題を扱うときに、その大きさに無頓着になる傾向。年間2,000羽、20,000羽、200,000羽の渡り鳥に影響があるという状況に対して被験者たちは平均して、それぞれ80ドル、78ドル、88ドルを支払うと回答する。
- **サンプルサイズの無視**(Insensitivity to sample size):ダイエット成功率90%と聞いて、その大手スポーツジムに入会したが、それは特別コースを選択してかつコース修了まで残ったやる気のある10名のなかの成功率だったことをあとから知った(そのジムの入会者は5000名)など。
- **基準率の無視**(Base rate fallacy):分母を無視して確率を直感的に判断してしまう傾向。メガネをかけたクラシックが好きな人の職業は医者か経営者か? と聞かれて多くの人が医者と答える。日本における医者の人口は32万人、経営者は260万人。P174
- **生存者バイアス**(Survivorship bias):現在残っているものだけを基準として判断し、淘汰されたものについて考えない傾向。
- **擬似確信効果**(Pseudocertainty effect):いくつかの段階のある意思決定において、実際には不確実であるのに、結果が確実であると認識してしまう傾向。……P251-253,P255

- **確率の無視**(Neglect of probability):不確かな状況下では、人が確率を完全に無視する傾向。
- **劣加法性効果**(Subadditivity effect):全体が起きる可能性は、部分の可能性よりも低いと考える傾向。

◎17……イケア効果(IKEA effect):少しでも自分で手間をかけて完成させると、できあがったものへの評価が高まる効果。……P230,P232

関連するバイアス

- **コントラフリーローディング効果**(Contrafreeloading effect):何もしないで得る報酬よりも、労働対価としての報酬を好む傾向。……P230-233

◎18……シロクマ抑制目録(White bear suppression inventory):考えないようにすると逆に考えてしまい、記憶に残ってしまう効果。

◎19……反事実的思考(Counter factual thinking):すでに結果が出てしまったことに対して「もし、ああしていれば」と考えて、事実とは異なる選択と結果を想像すること。オリンピックの銅メダリストより、銀メダリストのほうが幸福度が低い。人はうまくいかないときほど、違う選択肢を想像しやすい。うまくいく人ほど「反事実的思考」を逆に使い、「〇〇だったけど、△△よりマシ」といまよりももっと悪いことを想像する。

◎20……主観的評価(Subjective validation):一般的なことを自分に当てはめようとする。

関連するバイアス

- **バーナム効果**(Barnum effect):誰にでも該当するような曖昧で一般的な性格をあらわす記述を、自分だけに当てはまる正確なものだととらえてしまう傾向(占い師のことを信じてしまう理由)。

◎21……ユーモア効果(Humor effect):ユーモアのあることはよく覚えている傾向。ユーモアを言われたときの脳の状態は、あらゆる部分が活性化しているので、言われたことが印象に残りやすい。

◎22……聴覚バイアス(Auditory bias):聴覚刺激に関するバイアス。

関連するバイアス

- **韻踏み効果**(Rhyme as reason effect):韻を踏んだり似たような表現をくり返すと説得力が増す効果(イートンローゼン現象)。リズム感をもたせたり、韻を踏んだり、似た表現を反復すると、説得力や真実味が増す効果。
- **マガーク効果**(McGurk effect):言語音声の知覚において、聴覚情報と視覚情報がそれぞれ相互作用する効果。

◎23……クラスター錯覚(Clustering illusion):ランダムななかに本来はない意味を見つけてしまう。

- **主体の察知**(アミニズム)(Agent detection):そこに意志あるものが存在しているという思い込み。
- **パレイドリア**(Pareidolia):そこに存在しないのに、よく知っているパターンをそこにあるように感じること。絵文字など。……P303,P306
- **イライザ効果**(Eliza effect):ロボットやAIに人間らしさを求めてしまう傾向。

◎24……時間バイアス(Time related bias):時間に関連するバイアス。

関連するバイアス

- **頻度バイアス**(Frequency bias):短期間に多くの出来事があったほうが、時間が長く感じる傾向。……P296-299

- **代謝バイアス**(Metabolism bias):代謝が高いほうが時間が長く感じる傾向(子どもは長く感じる)。……P296,P298-299
- **往復効果**(Return trip effect):行きよりも帰りのほうが短く感じる傾向。
- **望遠鏡効果**(Telescoping effect):最近の出来事がより昔に、昔の出来事をより最近あったことと思い込む傾向。
- **ウェルトラベルドロード効果**(Well travelled road effect):よく行く道は、知らない道よりも早く着くと思う傾向。[*175]
- **時間節約バイアス**(Time saving bias):高速移動中にスピードを上げると節約できる時間を過大評価し、反対に低速で移動するとスピードを上げて節約できる時間を過小評価する傾向。高速で移動中にさらにスピードアップすれば、かなり時間を節約できると感じるが、実際にはそれほど時間の節約にはならない。
- **持続時間の無視**(Duration neglect):食事の最初の2、3口は「うま味が濃厚でおいしい!」と感じたとしても、その刺激が変化することなく最後まで続く場合、10口目や20口目のことは記憶に残らない傾向。
- **新近効果/新近性錯覚**(Recency illusion):単語や用法が、最近使われるようになったと考える傾向。……P154-155
- **覚醒効果**(Arousal effect):恐い気もちを感じると時間がゆっくりと流れる効果。……P298
- **ドーパミン覚醒効果**(Dopamine-related arousal effect):楽しい刺激があると時間が早く過ぎる。……P299
- **レミニセンス・バンプ**(Reminiscence bump):10〜30歳のころをよく思い出す傾向。……P154-157
- **幼児健忘**(Childhood amnesia):4歳以前の記憶が曖昧である傾向。……P154-155

◎25……イノベーション推進バイアス(Pro-innovation bias):イノベーション万歳という思い込み。発明やイノベーション(技術革新)が社会的に有用であることに対して過度に楽観的である一方で、その限界や弱点を認識しない傾向。実際は欠陥がある発明にもかかわらず、社会全体が新技術の有効性を過剰に楽観的に考える傾向。スマホやiPadなどもデメリットが見えなくなって多用してしまう。

関連するバイアス

- **新しさに訴える論証**(Appeal to novelty):古いものよりも新しいもののほうが正しいと思う傾向。体重を減らしたいなら、最新式のダイエットを行なうのが最善の選択と思いこむ。

◎26……クロスモダリティ効果(Cross-modality effect):味覚よりも視覚のほうが優位に働く脳のバイアス。バニラクッキーをVRでチョコレートコーティングするとチョコの味がする。高級なお皿に入れると、美味しく感じるなど。

関連するバイアス

- **画像優位性効果**(Picture superiority effect [PSE]):文字や言葉よりも視覚的映像のほうが記憶に残りやすい効果。[*176]

◎27……論理バイアス(Logic-related bias):論理的に考えるほど選択を誤る傾向(内観の錯覚)。……P214, P216-217

関連するバイアス

- **情報バイアス**(Information bias):多くの情報を集めたほうが正しい決定ができると考え、関係のない情報を集めてしまう傾向。

- **熟慮の悪魔**(The devil in the deliberation)：じっくり考えた決断ほど考えが一貫せず、モラルに欠ける傾向。

◎28……… 直感バイアス／感覚的なお告げ効果(Emotional Oracle Effect)：感覚的に選択したほうが正しい傾向。……P148-149,P151-152,P217

◎29……… 無知に訴える論証(Appeal to ignorance)：まだ誰にも証明されていないことを利用して、自分の主張を正当化させる傾向(ネス湖のネッシーは存在しないことを証明できないから存在すると判断)。

◎30……… 学習バイアス(Study-related bias)：学習に関連したバイアス。

関連するバイアス

- **系列位置効果**(Serial position effect)：最初と最後はよく記憶できるが、真ん中はあまり記憶できない傾向。
- **記憶の生成効果**(Generation effect)：単に読んで記憶するよりも、自分でつくり出した情報のほうがよく記憶できる効果。……P159-160,P162,P164
- **テスト効果**(Testing effect)：テストをすると覚える傾向。
- **困難処理効果**(Processing difficulty effect)：時間をかけて読んだ情報ほど、よく思い出す傾向。
- **処理水準効果**(Levels of processing)：丸暗記よりも意味を理解して、深いレベルで覚えたほうが記憶として定着すること。
- **ラグ効果**(Lag effect)：一度に勉強するのではなく、時間をかけて分散して勉強したほうが学習効果が高くなる現象。
- **間隔効果**(Spacing effect)：短い間隔よりも長い間隔でくり返し同じ情報を与えたほうが記憶に残る効果。……P159,P163
- **グーグル効果**(Google effect)：インターネットで調べたことは、記憶に残りにくい傾向。……P159,P163
- **次の番効果**(Next-in-line effect)：自分が次の番のとき、前の人の話の内容が記憶に残らない現象。
- **末尾付加効果**(Suffix effect)：単語の最後に無関係な刺激が加わると記憶として残りにくい。
- **マジカルナンバー7±2**(Magical number 7±2)：人が瞬間的に保持できる情報の数は7つ前後であるというもの。

◎31……… ツァイガルニク効果(Zeigarnik effect)：人は達成できなかった事柄や中断している事柄のほうを、達成できた事柄よりもよく覚えているという現象。ゲーテが文豪になった理由(母親の読み聞かせの秘密)。……P275-276,P278-279

◎32……… 態度の分極(Attitude polarization)：異なる考えをもつ人たちが、問題について検討を重ねるにつれて、意見の相違がより極端になっていく傾向。

◎33……… チアリーダー効果(Cheerleader effect)：集団内にいると個人が魅力的に見えるが、個人として見ると魅力が減る傾向。

◎34……… 持続の軽視(Duration neglect)：不快な事件について、どれだけ不快な期間が持続したかをあまり問題にしない傾向。

◎35……… リスク補償(Risk compensation)：リスクが高いときは安全な行動をするが、安全になるとリスクの高い行動をとる傾向。

◎36……何もしないバイアス（Omission bias）：悪事を実際に行なうほうが、何もしない結果、同じくらい悪い結果になることよりも罪深いと考える傾向。何かして怒られるよりも、何もしなくて怒られるほうがマシと思ってしまう傾向。*177

◎37……貨幣錯覚（Money illusion）：実質値ではなく名目値においてものごとを判断してしまう傾向。

◎38……難易度効果（Hard-easy effect）：難しい問題は難易度を低く見積もり、簡単な問題は難易度を高く見積もる傾向。

◎39……社会バイアス（Society-related bias）：社会に関連するバイアス。

関連するバイアス

- **公正世界仮説**（Just-world hypothesis）：よいことはよい人に起こり、悪いことは悪い人に起こると考える傾向。……P307-309
- **道徳的な運**（Moral luck）：運のよし悪しを、道徳のよし悪しに結びつけて考える傾向。

◎40……ウェーバー・フェヒナーの法則（Weber Fechner law）：量が多くなると、変化に気づきにくくなる傾向。

◎41……覆面男の誤謬（Masked-man fallacy）：A is P, but B is not. Hence, A is not B.「わたしはボブがどんな人か知っている。わたしは覆面男がどんな人かを知らない。だから、ボブは覆面男ではない」と誤った結論になってしまう傾向。

◎42……自動化バイアス（Automation bias）：自動化支援システムや意思決定支援システムに過度に依存する傾向。

◎43……人種間効果（Cross-race effect）：他人種は見分けがつきにくい。*178

◎44……選択支持効果（Choice supportive bias）：自分の選択は正しかったと思い込む傾向。買わなかったものの価値を低く見積もる。

◎45……可能性への論証（Appeal to probability）：おそらくそうなるだろうという理由で、誤った結論を導く傾向。

◎46……オッカムのカミソリ（Occam's razor）：「ある事柄を説明するためには、必要以上に多くを仮定するべきでない」とする指針。

◎47……わら人形論法（Straw-man）：相手の主張を歪めて引用し、その歪められた主張に対して反論するという誤った論法。……P290,P292-293,P295

◎48……脳タイプのバイアス（視覚、聴覚、体感覚）（Brain-type bias）：ものごとを認知するときに、視覚的な刺激、聴覚的な刺激、体感覚的な刺激のうちどれかを優先してとり入れる傾向。

◎49……メンタルローテーション（Mental rotation）：対象を頭のなかで立体的に再現して回転させる能力。男性よりも女性のほうが統計学的に弱い傾向。

◎50……エンダウド・プログレス効果（Endowed progress effect）：目標を達成しようとするとき、人は前進を感じると、よりモチベーションが高まる効果。……P312

◎51……バイアスの盲点（Bias blind spot）：他人に対してはバイアスが影響していることを認識できるのに、自分に対してはバイアスが影響していることに気づけない傾向。……P316

Prologue

(*1) **カニッツァの三角形** Kanizsa, G. 1987 "Quasi-perceptual margins in homogeneously stimulated fields". In S. Petry & G. E. Meyer (Eds.), The perceptions of illusory contours. New York: Springer- Verlag. p.40-49. (Translated by Gerbino, W. from Margini quasi-percettivi in compi con stimolazione omogenea. Rivista di Psicologia, 1955, 49, 7-30)

(*2) **見えないゴリラの実験** Simons, D.J, & Chabris CF. "Gorillas in our midst: sustained inattentional blindness for dynamic events", Perception, 1999, Vol.28(9), p.1059-74

(*3) **脳は毎秒1000万ビットの情報のうち20〜40ビットしか処理できない** Eriksson, J.T. "Impact of information compression on intellectual activities in the brain", Int. J. Neural. Syst., 1996, Vol.7(4), p.543-50

1時限目

(*4) **注目バイアス** Pool, E,. et al, "Attentional bias for positive emotional stimuli: A meta-analytic investigation" Psychol. Bull. 2016, Vol.142(1), p.79-106

(*5) **子どもの追視** Fantz, RL., "Pattern Vision in Newborn Infants", Science, 1963, Vol.140(3564), p.296-7/ Morton, J. & Johnson, MH., "CONSPEC and CONLERN: a two-process theory of infant face recognition", Psychol. Rev. 1991, Vol.98 (2), p.164-81.

(*6) **プライミング効果** Bargh JA., et.al., "Automaticity of social behavior: direct effects of trait construct and stereotype-activation on action", J. Personal. Soc. Psychol., 1996, Vol.71(2), p.230-244

(*7) **ラベリング理論(言葉でイメージまで変化)** Carmichael, L., et.al., "An experimental study of the effect of language on the reproduction of visually perceived form", J. Exp. Psychol, 1932, Vol.15(1), p.73-86

(*8) **コントラスト効果(比較バイアス)** Ehrenstein, W. H., & Hamada, J. "Structural factors of size contrast in the Ebbinghaus illusion" *Japan. Psychol. Res.*, 1995, Vol.37(3), p.158-169

(*9) **インポスター症候群** Clance, PR., & Imes, S. A. "The imposter phenomenon in high achieving women: Dynamics and therapeutic intervention". *Psychotherapy: Theory, Research & Practice*, 1978, Vol.15(3), p.241-247

(*10) **多数から選択するとドーパミンが分泌** Yun M. et al. "Signal dynamics of midbrain dopamine neurons during economic decision-making in monkeys" Sci. Adv., 2020, Vol.6(27), eaba4962

(*11) **現在バイアス** Wang, Y. & Sloan, FA. "Present bias and health", J. Risk and Uncertainty, 2018, Vol. 57(2), p.177-198

(*12) **作話(過誤記憶)** Loftus, E. F., "Creating false memories", Scientific American, 1997, Vol.277(3), p.70-75

(*13) **内観幻想** Pronin, Emily; Kugler, Matthew B. "Valuing thoughts, ignoring behavior: The introspection illusion as a source of the bias blind spot", *J. Exp. Soc. Psychol.*, 2007, Vol.43 (4), p.565-578

(*14) **確証バイアスは後内側前頭前野(pMFC)が関係** Colin Holbrook, et al, "Neuromodulation of group prejudice and religious belief", Soc. Cog. Affect. Neurosci., 2016, Vol. 11(3), p.387-394

(*15) **信仰と背外側前頭前野&腹内側前頭前野** Zhong WC., et.al., "Biological and cognitive underpinnings of religious fundamentalism", Neuropsychologia, 2017, Vol.100, p.18-25

(*16) **後内側前頭前野(pMFC)が弱まると確証バイアスが変化** Holbrook C., et al., "Posterior medial frontal cortex and threat-enhanced religious belief: a replication and extension", Soc. Cogn. Affect. Neurosci., 2020, Vol.15(12), p.1361-1367./ Kappes, A., *et al.* "Confirmation bias in the utilization of others' opinion strength". *Nat. Neurosci., 2020*, Vol. 23, p.130-137

2時限目

(*17) **フォン・レストルフ効果** Von Restorff, Hedwig, "Über die Wirkung von Bereichsbildungen im Spurenfeld" [The effects of field formation in the trace field]. *Psychologische Forschung [Psychological Research]* (in German), 1933, Vol.18 (1), p.299-342

(*18) **代表性ヒューリスティック** Kahneman, D., & Tversky, A., "On the psychology of prediction",

Psychological Review, 1973, Vol.80, p.237-251
(*19)**連言錯誤** Tversky, A., & Kahneman, D., "Extensional versus intuitive reasoning: The conjunction fallacy in probability judgment", Psychological Review, 1983, Vol.90, p.293-315
(*20)**利用可能性ヒューリスティック** Tversky, A., & Kahneman, D., "Availability: A heuristic for judging frequency and probability", Cognitive Psychology, 1973, Vol.5, p.207-232
(*21)**バークソンのバイアス(バークソンのパラドクス)** Berkson, Joseph, "Limitations of the Application of Fourfold Table Analysis to Hospital Data", Biometrics Bulletin, 1946, Vol.2(3), p.47-53
(*22)**透明性の錯覚** Gilovich, T., et.al., "The illusion of transparency: Biased assessments of others' ability to read one's emotional states", J. Personal. Soc. Psychol., 1998, Vol.75, p.332-346
(*23)**知識の呪い(リズムで曲名は当てられない)** Chip Heath & Dan Heath, "The Curse of Knowledge", Harvard Business Review, Dec. 2006: https://hbr.org/2006/12/the-curse-of-knowledge)
(*24)**自己ハーディング** Raafat RM, et.al., "Herding in humans", Trends Cogn. Sci., 2009, Vol.13(10), p.420-8
(*25)**真理の錯誤効果** Hasher, L. et.al., "Frequency and the conference of referential validity", Journal of verbal learning and verbal behavior, 1977, Vol.16, p.107-112
(*26)**凶悪犯罪の数は世論より実際は少ない** John, Gramlich, "Voters' perceptions of crime continue to conflict with reality", Pew Research Center, 2016, https://www.pewresearch.org/fact-tank/2016/11/16/voters-perceptions-of-crime-continue-to-conflict-with-reality/
(*27)**ダニング・クルーガー効果** Kruger, Justin; Dunning, David, "Unskilled and Unaware of It: How Difficulties in Recognizing One's Own Incompetence Lead to Inflated Self-Assessments", *J. Persona. Soc. Psychol.*, 1999, Vol.77 (6), p.1121-34
(*28)**理由を伝えるとコピーを譲ってくれる** Langer, E.J. et.al., "The mindlessness of ostensibly thoughtful action: The role of 'placebic' information in interpersonal interaction. Citation", Journal of Personality and Social Psychology, 1978, Vol.36(6), p.635-642
(*29)**前後即因果の誤謬** Damer, T. Edward (13 January 2012). "*Attacking faulty reasoning: a practical guide to fallacy-free arguments* (7th ed.)" Boston, MA: Wadsworth, Cengage Learning
(*30)**要約効果** Poppenk J. et.al. "Why is the meaning of a sentence better remembered than its form? An fMRI study on the role of novelty-encoding processes", Hippocampus, 2008, Vol.18 (9), p.909-18
(*31)**GISTメモリーとVERBATIMメモリー** Brainerd C.J. & Reyna V.F. "Fuzzy-trace theory: dual processes in memory, reasoning, and cognitive neuroscience", Adv. Child. Dev. Behav., 2001, Vol.28, p.41-100
(*32)**後知恵バイアス** Fischhoff, B., & Beyth, R. "I knew it would happen: Remembered probabilities of once-future things", Organizational Behavior and Human Performance, 1975, Vol.13, p. 1-16 / Fischhoff, B., "Hindsight is not equal to foresight: The effect of outcome knowledge on judgment under uncertainty", *Journal of Experimental Psychology: Human Perception and Performance*, 1975, Vol.1(3), p.288-299
(*33)**災害情報を伝えると川がより濁って感じる** Yama, H. et.al. "A cross-cultural study of hindsight bias and conditional probabilistic reasoning", *Thinking and Reasoning*, 2010, Vol.16, p.346-371

3時限目

(*34)**感情移入ギャップ** Van Boven, Leaf et.al. "Changing Places: A Dual Judgment Model of Empathy Gaps in Emotional Perspective Taking" (PDF). In Zanna, Mark P.; Olson, James M. (eds.). *Advances in Experimental Social Psychology*. 2013, Vol. 48, p.117-171
(*35)**ホット・コールド・エンパシー・ギャップ** Loewenstein, George, "Hot-Cold Empathy Gaps and Medical Decision Making", *Health Psychology*, 2005, Vol. 24(4), S49-S56
(*36)**恋は前頭前野の活性を下げる** Zeki S. "The neurobiology of love", FEBS. Lett. 2007, Vol.581 (14), p.2575-9
(*37)**オキシトシンは加齢とともに増える** Zak PJ., et.al., "Oxytocin Release Increases With Age and Is Associated With Life Satisfaction and Prosocial Behaviors", Front. Behav. Neurosci., 2022, Vol.6,

p.846234

(*38) **オーバービュー・エフェクト** van Limpt-Broers HAT. et al. "Creating Ambassadors of Planet Earth: The Overview Effect in K12 Education" Front. Psychol. 2020, Vol.11

(*39) **心理的リアクタンス** Brehm, J.W. "A theory of psychological reactance", 1966, Oxford, England: Academic Press./ Rosenberg, BD. & Siegel JT. "A 50-year review of psychological reactance theory: Do not read this article", Motivation Science, 2018, Vol.4, p.281-300

(*40) **単純接触効果(ザイアンス効果)** Zajonc, Robert B. "Attitudinal effects of mere exposure". *Journal of Personality and Social Psychology*, 1968, Vol.9(2, Pt.2), p.1-27

(*41) **自己中心性バイアス** Ross, Michael, & Fiore Sicoly, "Egocentric biases in availability and attribution." *Journal of personality and social psychology, 1979*, Vol. 37(3) p.322/ Greenberg, Jerald. "Overcoming egocentric bias in perceived fairness through self-awareness." *Social Psychology Quarterly*, 1983, p.152-156.

(*42) **女性より男性のほうが自己中心バイアスが強い** Tanaka, K., "Egocentric bias in perceived fairness: Is it observed in Japan?" Social Justice Research, 1993, Vol.6(3), p.273-285

(*43) **高級車に乗る人は交差点で歩行者のために止まってくれない(エリート効果)** Piff, P.K, et.al. "Higher social class predicts increased unethical behavior", Proc. Natl. Acad. Sci. USA. 2012, Vol.109(11), p.4086-91

(*44) **バイリンガルは自己中心性バイアスが低い** Rubio-Fernández & Paula; Glucksberg, Sam "Reasoning about other people's beliefs: Bilinguals have an advantage", Journal of Experimental Psychology: Learning, Memory, and Cognition, 2012, Vol. 38 (1), p. 211-217

(*45) **ネガティビティバイアス** P. Rozin & E.B. Royzman, "Negativity bias, negativity dominance, and contagion", *Personality and Social Psychology Review*, 2001, Vol.5, p.296－320

(*46) **マイナス(リスクなど)にフォーカスすることの大切さ** J. T. Cacioppo, & G.G. Berntson, "The affect system: Architecture and operating characteristics", *Current directions in psychological science*, 1999, Vol.8, p.133-137／A.Vaich, et.al., "Not all emotions are created equal: the negativity bias in social-emotional development", *Psychological bulletin, 2008*, Vol. 134, p.383

(*47) **明るいニュースより暗いニュースが印象に残り広がりやすい** S. Stuart, et.al., "Cross-national evidence of a negativity bias in psychophysiological reaction to news", *Proceedings of the National Academy of Sciences*, 2019, Vol.166, p.18888-18892/ K. Bebbington, et.al., "The sky is falling: evidence of a negativity bias in the social transmission of information", *Evolution and Human Behavior, 2017*, Vol. 38, p.92-101

(*48) **ネガティビティバイアスが高いと政治で保守派になりやすい** J. R. Hibbing, et.al., "Differences in negativity bias underlie variations in political ideology", *Behavioral and brain sciences, 2014*, Vol. 37, p.297-307

(*49) **悲観主義バイアス(女性に多い傾向)** Mansour, S.B. et.al. "Is There a 'Pessimistic' Bias in Individual Beliefs? Evidence from a Simple Survey", *Theor. Decis., 2006*, Vol. 61, p.345-362

(*50) **西洋人は日本人と比べて悲観主義バイアスが少ない** Chang, EC. Et.al., "Cultural variations in optimistic and pessimistic bias: Do Easterners really expect the worst and Westerners really expect the best when predicting future life events?" Journal of Personality and Social Psychology, 2001, Vol.81(3), p.476

(*51) **楽観主義バイアス** Sharot T. et.al. "Neural mechanisms mediating optimism bias", Nature, 2007, Vol.450(7166), p.102-5

(*52) **コントロールできる状況は楽観主義バイアスを高める** G. Menon, et.al. "Biases in social comparisons: Optimism or pessimism?", Organizational Behavior and Human Decision Processes, 2009, Vol.108, p.39-52

(*53) **コントロールできると思うだけでも楽観主義バイアスが強くなる** A. Bracha & D.J. Brown, "Affective decision making: A theory of optimism bias", Games and Economic Behavior, 2012, Vol.75, p.67-80

(*54) **直接的抽象化** Zunick, PV. Et.al. "Directed abstraction: Encouraging broad, personal generalizations following a success

experience", *Journal of Personality and Social Psychology*, 2015, Vol.109(1), p.1-19

(*55)**ピグマリオン効果** Robert Rosenthal & Lenore Jacobson. "Pygmalion in the classroom", The Urban Review, 1968, Vol. 3 (1), p.16-20／Mitchell, Terence R. & Daniels, Denise. "Motivation". In Walter C. Borman; Daniel R. Ilgen; Richard J. Klimoski (eds.). *Handbook of Psychology* (*volume 12*). John Wiley & Sons, Inc. 2003, p.229

(*56)**期待の効果は実現可能性で変化** Atkinson, John William. "Motivational determinants of risk-taking behavior." *Psychological review* 64, Part16 (1957), p.359-72

(*57)**ゴーレム効果** Babad, EY. Et.al. "Pygmalion, Galatea, and the Golem: Investigations of biased and unbiased teachers", *Journal of Educational Psychology*. 1982, Vol.74 (4), p.459-474

(*58)**感覚的なお告げ効果** Michel Tuan Pham, et.al. "The Emotional Oracle Effect", *Journal of Consumer Research*, 2012, Vol.39(3), p.461-477

(*59)**感覚で判断するとき大脳基底核が発火** Xiaohong Wan, et.al., "The Neural Basis of Intuitive Best Next-Move Generation in Board Game Experts", *Science*, 2011, Vol. 331(6015), p. 341-346

(*60)**幼児健忘とレミニセンス・バンプ** Galton, F. "Psychometric experiments", Brain, 1879, Vol.2 (2), p.149-162/ Jansari, A. & Parkin, AJ. "Things that go bump in your life: Explaining the reminiscence bump in autobiographical memory", Psychology and Aging, 1996, Vol.11, p.85-91. / Janssen, SMJ. et.al. "The reminiscence bump in autobiographical memory: Effects of age, gender, education, and culture", Memory, 2005, Vol.13 (6), p.658-668

(*61)**新近効果** Anderson, NH. "Test of adaptation-level theory as an explanation of a recency effect in psychophysical integration", *Journal of Experimental Psychology*, 1971, Vol.87(1), p.57-63

(*62)**人は流行歌のうち24歳ごろに流行った曲を好む** Morris B. Holbrook and Robert M. Schindler, "Some Exploratory Findings on the Development of Musical Tastes," Journal of Consumer Research, 1989, Vol.16, p.119-124

(*63)**バラ色の回顧** Romanelli, F. "The Nostalgia of Pencils, Chalk, and Typewriters", Am. J. Pharm. Educ. 2022, Vol.86(3), p.8785

(*64)**記憶の生成効果** Bertsch S. "The generation effect: a meta-analytic review", Mem. Cognit. 2007, Vol.35(2), p.201-10.

(*65)**空欄があると記憶に残りやすい** Slamecka, N. J., & Graf, P. "The generation effect: Delineation of a phenomenon", Journal of Experimental Psychology: Human Learning & Memory, 1978, Vol.4, p.592-604

(*66) **自己参照効果** Rogers, TB. et.al. "Self-reference and the encoding of personal information", Journal of Personality and Social Psychology, 1977, Vol.35(9), p.677-688

(*67)**間隔効果** Ebbinghaus H. "Memory: A contribution to experimental psychology". Ruger HA, Bussenius CE, Hilgard ER, translators. New York: Dover Publications; 1964

(*68)**グーグル効果** Sparrow, B. et.al. "Google effects on memory: Cognitive consequences of having information at our fingertips", Science, 2011, Vol.333, p.776-778

4時限目

(*69)**曖昧性の回避** Ellsberg, D. "Risk, Ambiguity, and the Savage Axioms", The Quarterly Journal of Economics, 1961, Vol.75, 643-669

(*70)**1000回投げたコインと2回投げたコインはどっちを選ぶ?** Camerer, C. & Weber, M., "Recent developments in modeling preferences: uncertainty and ambiguity", *Journal of Risk and Uncertainty*, 1992, Vol.5, p.325-370

(*71)**曖昧だと扁桃体が活性化して意欲が減る** Hsu M. et.al. "Neural systems responding to degrees of uncertainty in human decision-making", Science, 2005, Vol.310(5754), p.1680-3

(*72)**笑うことは死亡率を2倍下げる** Sakurada K, et.al.,. "Associations of Frequency of Laughter With Risk of All-Cause Mortality and Cardiovascular Disease Incidence in a General Population: Findings From the Yamagata Study", J. Epidemiol. 2020, Vol.30(4), p.188-193

(*73)**現状維持バイアス** Samuelson, W. & Zeckhauser, R. "Status quo bias in decision making", *J. Risk Uncertainty*, 1988, Vol. 1, p.7-59

(*74)**帰属バイアス** Kelley, H.H. "Attribution theory in social psychology", In D. Levine

(Ed.) 1967, *Nebraska Symposium on Motivation*, Lincoln: University of Nebraska Press

(*75)**根本的な帰属の誤り** Ross, LD. & Steinmetz, JL. "Social roles, social control, and biases in social-perception processes", Journal of Personality and Social Psychology, 1977, Vol.35, p.485-494 /Jones, EE. & Harris, VA. "The attribution of attitudes". *Journal of Experimental Social Psychology*, 1967, Vol. 3, p.1-24

(*76)**対応バイアス** D.T. Gilbert & P.S. Malone, "The correspondence bias", *Psychological Bulletin*, 1995, Vol.117 p.21-38

(*77)**敵意帰属バイアス** Nasby, W. & DePaulo, BM. "Attributional bias among aggressive boys to interpret unambiguous social stimuli as displays of hostility", *Journal of Abnormal Psychology*, 1980, Vol.89(3), p.459／ Dodge, KA. "Translational science in action: Hostile attributional style and the development of aggressive behavior problems", *Development and Psychopathology*, 2006, Vol.18(03), p.791-814

(*78)**敵意帰属バイアスをもつ人は攻撃的になる** Camodeca, M. & Goossens, F.A. "Aggression, social cognitions, anger and sadness in bullies and victims", *Journal of Child Psychology and Psychiatry*, 2005, Vol.46 (2), p.186-197

(*79)**自己奉仕バイアス** Miller, D.T. & Ross, M. "Self-serving biases in the attribution of causality: Fact or fiction?", *Psychological Bulletin*, 1975, Vol. 82, p.213-225

(*80)**車を運転する人は自分が平均以上の能力があると思う** Roese, N.J. & Olson, J.M. "Better, stronger, faster: Self-serving judgment, affect regulation, and the optimal vigilance hypothesis". *Perspectives on Psychological Science*, 2007, Vol. 2, p.124-141

(*81)**雨が降ると気分が下がる人が多い** K. Abe, et.al., "Study of the psychological effect on the green space in rainy weather", Landscape (online paper)2020, Vol.13

(*82)**雨の日にはレビューがマイナスな内容になる** Leif, Brandes & Yaniv Dover, "Offline Context Affects Online Reviews: The Effect of Post-Consumption Weather", *Journal of Consumer Research*, 2022, Vol.49(4), p.595-615

(*83)**全か無かの思考(スプリッティング)** Carser D. "The defense mechanism of splitting: developmental origins, effects on staff, recommendations for nursing care", *J. Psychiatr. Nurs. Ment. Health Serv.*, 1979, Vol.17 (3), p.21-8/ Gould JR, et.al. "The Splitting Index: construction of a scale measuring the defense mechanism of splitting", *J. Pers. Assess*, 1996, Vol.66 (2), p.414-30/Kelly J.D. 4th. "Your Best Life: Managing Negative Thoughts-The Choice is Yours", Clin. Orthop. Relat. Res. 2019, Vol.477(6), p.1291-93

(*84)**信念バイアス** Evans J.S.B. et.al. "On the conflict between logic and belief in syllogistic reasoning", *Mem. Cogn.* 1983, Vol.11, p.295-306/ Evans J.S.B., et.al. "Necessity, possibility and belief: a study of syllogistic reasoning", *Q. J. Exp. Psychol.* 2001, Vol.54, p.935-58

(*85)**記憶力は信念バイアスで変化する** Thomas, A. K., & Dubois, S. J. "Reducing the Burden of Stereotype Threat Eliminates Age Differences in Memory Distortion", *Psychological Science*, 2011, Vol.22(12), p.1515-17

(*86)**信念バイアスと減量効果** Crum AJ. & Langer EJ. "Mind-set matters: exercise and the placebo effect", Psychol Sci. 2007, Vol.18(2), p.165-71

(*87)**セルフハンディキャッピング** Jones, E.E., & Berglas, S. "Control of attributions about the self through self-handicapping strategies: The appeal of alcohol and the role of underachievement", Personality and Social Psychology Bulletin, 1978, Vol.4, p.200-206

(*88)**作業興奮** Mikicin M. et al., "Effect of the Neurofeedback-EEG Training During Physical Exercise on the Range of Mental Work Performance and Individual Physiological Parameters in Swimmers" Appl. Psychophysiol. Biofeedback, 2020, Vol.45(2), p.49-55

(*89)**計画の誤謬** Buehler, Roger, et.al. "Exploring the 'planning fallacy': Why people underestimate their task completion times". *Journal of Personality and Social Psychology*, 1994, Vol. 67 (3), p.366-381./ Buehler, Roger, et.al. "Inside the planning fallacy: The causes and consequences of optimistic time predictions". In Thomas Gilovich, Dale Griffin, & Daniel Kahneman (Eds.), *Heuristics and biases: The psychology of intuitive judgment*, 2002, p.250-270.